霊の書

（上）

大いなる世界に

アラン・カーデック 編

桑原 啓善 訳

THE SPIRITS' BOOK

新装版（潮文社）発行にあたって

『霊の書』は、人が霊であること、再生、神とは何か、この人生の秘義を一五〇年も前から教え続ける、ラテン系不滅の霊界通信です。この新世紀に新たな装いで出版されることを嬉しく思います。

桑原啓善（二〇〇五年）

※本書は初版一九八六年（潮文社）の新装版を、でくのぼう出版で（上）（中）（下）に分けて新装再刊したものです。

※なお本文中には、現代では差別用語と考えられる箇所がありますが、訳者自身に差別的意図は全くなく、また訳者がすでに故人であるという事情に鑑《かんが》み、原文どおりとしました。

訳者序

本書は世界で最も著名な霊界通信の一つ、アラン・カーデックの"Spirits' Book"（一八五六年刊）の訳書である。心霊研究の発生（一八四八年）以来、霊界と地上人類との間に科学的な配慮の上に立った通信が始まった。その結果、現代のバイブルと言える秀れた霊界通信が次々と受信されている。古い順に、モーゼスの『霊訓』、マイヤースの『永遠の大道』、シルバー・バーチの霊言、ホワイト・イーグルの霊言、等である。いずれも発表以来、どの書も多くの版を重ね、多数の信奉者を得ている。しかし、これらはすべてイギリスで受信され英語で発表され、従って英語国民の間に主として拡がったものである。

『霊の書』はフランス人カーデックの手を経て受信され、フランス語で発表され、そのため仏・伊・スペイン・ブラジル等ラテン系国民の間に拡がったものである。しかも、その発行部数はおそらく四〇〇万部をこえ、特にブラジルではその信奉者が二〇〇〇万人とも言われる、空前の影響力を与えた霊界通信である。

通信霊は、聖ヨハネ、パウロ、アウグスティヌス、ソクラテス、プラトン、スエーデンボルグ、真理の霊、等々と言われる。これらの一部が、モーゼスの霊訓、ホワイト・イーグルの霊言、の通信霊と重複していることにお気付きの方もあろう。それは近時の霊界通信がどうやら神霊界の計画の下に、組織的な人類への新啓示運動が展開されている、その一証左ではないかと思われる。

カーデックは「序言」の中で次のように記している。「顕幽両界の通信は奇蹟ではなく、ものの自然である。このことは古来どこにでもあったものだが、今や一般的となってきた。霊によると、これを明らかにする神の定めた時が今来ている。神の使徒なる霊達は人類新生の時代をもたらそうとしている」と。霊がカーデックに与えた、言葉の一節を付け加えると、「これから君が書こうとしている書は、人類を愛のもとに一つに結び付けようとする、新しい建設の基礎となるものである」と。上記のどの霊界通信にもうかがえる、人類の新時代の到来、そのための欠くべからざる一書が、またこの『霊の書』であることとお分かり頂けよう。

アラン・カーデック（一八〇四〜一八六九）はフランスのリヨンの生まれ。本名はレオン・デニザート・イポリット・リヴァイラ。諸科学に通じ、また生来教育を好み、一八三〇年には自費で家を借りて、十年間にわたり無料で講義を行った。即ち化学・物理・比較解剖学・天文学など。また骨相学協会や磁気協会でも活躍、特に夢遊病・千里眼・トランス（入神）現象には関心をもち研究をしていた。

一八五〇年、テーブル・ターニング現象（霊媒と列席者がテーブルを囲んで坐り、テーブルに手をのせる。テーブルが自動的に動き、その床を打つ音の数でアルファベットの文字を指示し、霊からの通信をつづる）がヨーロッパに始まった。これは一八四八年にアメリカから発生した心霊研究（ニューヨーク州のフォックス家事件）の影響である。カーデックは早速このテーブル・ターニングの実験を開始した。

友人の二人の娘さんが霊媒体質で、これを霊媒とした。もともと二人が受け取る通信はとるに足りないものだったが、カーデックが出席すると、通信は一変した。即ち前記の神命を受けた高級霊からの通信となった。週二日、欠かさず交霊会をもった。通信方法は前記の卓子《テーブル》通信のほか、プランセット（器具による自動書記）を併用した。カーデックが質問を発し、霊がこれに答えるという方法をとった。カーデックは科学徒であり、冷静で論理的で実際的だったので、この通信は他の霊界通信とは全く趣の違ったものとなった。即ち、他の通信は、霊の方からの一方的な啓示であるが、こちらは甚だ常識的現実的な人間の疑問に、霊界からの解明を与えるというものである。従って、吾々の聞きたいこと知りたいことに、かゆい所に手が届くように霊的解釈がされているだけでなく、日常現実の生活に直ぐ応用できる霊的知識が多分に含まれている。

何といっても、『霊の書』の最大の特徴は再生（人間の生まれ変わり）を中心の教示としている点である。英米系の霊界通信は従来、概して再生を否定してきた。アンドリュウ・ジャクソン・デヴィスの霊示、及び『霊訓』のモーゼスは明確にこれを否定した。これが英米系スピリチュアリズムの特徴をなした。この点、ラテン系はアラン・カーデックの教示を基本としているので、再生を主張する。同じスピリチュアリズムでありながら、根本において相違が存在した。

ところが、近時、英米系の霊界通信にも再生を承認する傾向が発生した。生前、再生を認めなかったマイヤースの死後の通信は、類魂説に立って人間の再生を承認。シルバー・バーチとホワイト・イーグルも明確に再生を主張。特にホワイト・イーグルは再生を不可欠の教理としている。

カーデックについてもう一言しておけば、彼は彼の心霊主義を一般の呼称であるスピリチュアリズム（Spiritualism）と呼ばず、スピリティズム（Spiritism）と呼ぶことを主張している。その理由は、Spiritualism は精神主義と受け取られ、彼の認める霊魂の存在や顕幽交通を認める所説とならないからである。

本書はもともとカーデック個人の質問に霊が答える形をとったものだが、通信開始後二年、カーデックがこの通信の意味の重大性に気付き、出版の決意をもつと、霊よりの指示があり、これは個人に対するものでなく人類に対する通信であることが指摘された。その指示で書名を"Le Livre des Esprits（The Spirits' Book）"『霊の書』とすべきこと、筆名をアラン・カーデック（ALLAN KARDEC）とするよう指示を受けた。一八五六年の刊行以来、諸国語に翻訳され、現在まで多数の版を重ねている。一八六九年にアンナ・ブラックウェル女史（ANNA BLACKWELL）が英訳書を出しているが、この英訳書から重訳したものが本書である。

本書中に〔注解〕とあるのは、霊示ではなく、カーデック自身が付した注釈である。原著には更に多くの注解があるが、本書ではその相当部分を省略した。理由は、既に陳腐となった科学理論、言わずもがなの蛇足と思われるもの、及びキリスト教徒内部の関心事、に過ぎないもの、ということである。以上のこと諒とされたい。

「霊の書」（上）―――目次

第二部　霊魂の世界

写真　熊谷淑徳

第一部

原因

一章

神

神と無限

〔一〕　神とは何ですか。
「神とは至上の英知、一切の第一原因である」
〔二〕　無限とは何ですか。
「始めもなく、終りもなく、未知なるもの。未知なるものはすべて無限である」
〔三〕　神は無限と言ってよろしいですか。
「それは完全な定義とは申せない。人間の言葉は有限であり、人智を越えるものを定義することは難しい」
〔四〕　神の存在の証拠は何でしょう。
「結果があるからには、必ず原因がある。これが科学でも適用される公理である。人間の創作によらぬすべてのものの原因を探究してみなさい。理性は必ず諸君の疑問に答えてくれるであろう」

〔五〕　神は在るとの直観は、人類精神の共通の財産と言われますが、これは何と解釈したらよろしいですか。

「神は存在するということである。即ちもし存在しなければ、何をもって、人の心は神を直観し得ようか。この直観の事実から推論してみよ、それはかの〈原因なくして結果なし〉の公理から得られるものと同じ事である」

〔六〕　その直観は、教育や学習の結果といえないでしょうか。

「もしそうだとするなら、未開人にもこの直観があるというのは、どういう事ですかな」

〔七〕　物が形成された第一原因は、物質の本性の中にあるとはいえませんか。

「もしそうだとすれば、物質の本性の原因は何かということになり、常に他に第一原因がなければならない」

〔八〕　物の形成の第一原因は、物質が偶然に結合したという、いわば偶然説がありますが、これは如何でしょう。

「これも愚説である。常識のある人なら、偶然を知的動因と考えることが出来ようか。偶然とは何か。そのようなものは存在しない」

〔九〕 万有の第一原因は至上の英知、即ち神であるということに、何か証拠がありますか。

「諸君は〈作者はその作品によって知られる〉という諺をご存じか。自分の周囲を見まわして、その出来ばえから推して、創造者を判断されよ」

神の属性

〔一〇〕 神の本質を人間は知ることが出来ますか。

「それは出来ない。人間にはそれを理解する感覚が欠けている」

〔一一〕 では、神の神秘を理解できるようになりますか。

「心の目が物質で曇らされなくなって、進歩して神に近付けば、神を見、神を理解するようになろう」

〔二二〕　もし、神の本性を知ることが出来なくても、神の相貌のいくらかを理解できるようになれましょうか。

「ある程度はできる。人が物質を超越していくにつれて、その理解は高まる。その磨かれていく知性をもって、チラリとこれをのぞき見ることが出来よう」

〔二三〕　私共は神を、永遠・無限・不変・超物質・唯一無二・全能・絶対の正義と善、などと呼びますが、これは神の属性を完全に示すものと言えましょうか。

「いや。だが諸君の立場からすればそれでよいとしよう。諸君は以上の言葉で、神のすべてを数えあげていると思っているのだから。しかし、最高の賢者の知性をもってしても、及ばぬものがあることを知っておかねばならない。人間の言葉は有限だから、到底それを表現できない。諸君の理性は、神が完全無欠であることを認めていよう。もし神に少しでも欠けているものがあるなら、神は至上至高とは言えないし、これをもって神と称するわけにいかないから。至上とは、変化せぬもの、いささかも欠けたところのないもの、神とはこれでなければならぬ」

汎神論

〔一四〕 神とは、宇宙と別個に在るものですか。また一説によると、神とは宇宙のもつ力と知の結果生じたものと言っていますが、そうですか。

「後者の説が本当とすれば、神はもはや神ではない。神が結果であって万物の原因ではないということになるから。神が結果であり、また同時に原因でもあるという筈はあるまい」

「神は実在する。これを疑ってはいけない、これが一番の基本点である。またこれ以上に出てはならない、出れば迷路に入って動きがとれなくなる、それ以上に探索しても、あるいはそれが諸君の知者としての誇りを増すことになろうとも。しかしながら諸君は本当は何も知っていないのだから、止めにした方が身のためである。神についての組織体系などは捨てよ。それよりも、諸君自身の周《まわ》りにもっと考えるべきものが沢山ある。自分の欠けているものに目を向けよ。それを直していくように心がけよ。このことは出来ない神のせん索に無駄骨を折るより、よほど諸君自身のためになる」

〔一五〕　大自然のあらゆるもの、あらゆる生きもの、あらゆる宇宙の天体、これらはそれぞれ神の一部であり、またそれ全体が即ち神であるという考え方はいかがでしょうか。これはつまり汎神論でありますが。

「人間は自己を神とすることが出来なければ、せめて自分を神の一部分としようと望むのであろう」

〔一六〕　上記の説をとる人々は、これによって、神の属性の一部を示すものと言っています。宇宙は広大無辺だから、神も無限であり、真空であり、無であり、空間をもたず、また何処にも在り給うように見えます。あらゆるものが神の不可欠の一部である限り、神はいずこにも在るから、神は宇宙の全現象の知的原因と見られます。これはどうでしょうか。

「すじの通った意見である。しかしその意見には仮定が混っている。これをもって考えるとき、その矛盾にすぐ気付いて貰える筈である」

二章

宇宙の普遍的要素

ものの第一原理について

〔一七〕　ものの第一原理を、人間は知ることができますか。
「いや、この世には人間の理解できないものがある」
〔一八〕　人間は、未知なものの神秘を明らかにする日が来るでしょうか。
「もし人間が浄化を遂げるなら、神秘の扉は一部分開かれるであろう。しかし、あるものに限って、これを理解するには、いま人間に備わっていない能力が必要とされるであろう」
〔一九〕　では、科学が進歩しても、人間は大自然の神秘の一部を知ることが出来ないのですか。
「科学的能力は、人間の進歩の手段として、人間に与えられているものである。しかしそれをもってしても、なお、今日人間の前にある限界を打ち破ることは出来ない」
〔二〇〕　人間能力の範囲を超えて、つまりは、科学の矛先の及ばない問題を、人間は霊界通信で受けることが出来ますか。

「出来る。神がその必要を認められる時、科学の達しえないものを、人間に通信することを許し給う」

〔注解〕　人類の過去未来にわたる運命など、限界はあるとしても、人間に可能な限りの高い霊界からの通信が得られる。

霊と物質

〔三二〕　物質は、神とともに、永遠より存在したのですか。あるいは、ある時期に創造されたのですか。

「神のみが知り給う。しかしながら唯一つ、諸君の理性に訴えて言えることは、愛と慈悲の源泉である神は、一時も休まれることがないということ。いかに深く、神の活動の始源にさかのぼって想像をたくましくしても、いやしくも神が一瞬たりとも、その活動を停止なされたことがあり得ようか」

〔二二〕　物質の一般的な定義として次のものがあります。ひろがりをもつ、感覚できる、不滲透性。この定義は正しいでしょうか。

「人間の立場からすれば、それで正しい。人間は、ただ自己の知るところに従って、定義するものであるから。しかし物質は、実は、人間に未知な状態で存在している。たとえば、人間の五官にうったえない、ある精妙な状態。それは諸君等には物質とはいえない、しかし、なおこれも物質なのである」

——それでは、貴方がたの物質の定義とは何ですか。

「物質とは、霊をつなぎとめる要素である。霊に奉仕する道具である。従って、霊が活動し演じる舞台である」

〔二三〕　霊とは何ですか。

「宇宙の知的原理である」

——では、霊の本性とは何ですか。

「人間の言葉でそれを説明することは難しい。というのは、霊は人間に感知できるもの、つまり「もの」ではないから。しかし、吾々霊魂にとっては、霊は「もの」であるのだが」

〔三四〕　霊と知性とは同義語と考えてよろしいか。

「知性は霊の本質的な属性である。しかし、両者は単一原理ともなる。従って諸君の立場からは、両者は同一物と申してよろしい」

〔三五〕　霊と物質とは別物ですか。それとも、霊は物質のもつ諸性質の単なる一つにすぎないのですか。たとえば、色は光の、音は空気の、それぞれ一性質でありますように。

「霊と物質とは全く別物である。しかし、霊と物質の結合があって初めて、物質に知的活動が与えられるのである。

——この霊と物質の結合は、霊の発顕《はつげん》にも必要なのですか。（ここで言う霊とは、抽象的に、知的原理の意味であって、個性をもった霊魂の意味ではない）

「諸君等にはその必要がある。人間は物質をはなれて霊を感知するように創られていないから」

〔三六〕　物質なしの霊、霊なしの物質というものは考えられますか。

「思想の対象としてならあり得る」

〔三七〕　それでは、宇宙には二大要素あり、物質と霊、これでよろしいですか。

「そのとおり。更にその上に神がある。創造主であり万物の父である神が。この三者は万物の原理であって、三位一体である。

しかしこの物質的要素には、他に一つ、宇宙的液状体が加えられねばならない。これは霊と物質との媒介物である。すなわち物質はその性質が鈍重すぎて、霊は直接物質に作用し得ないからである。ただ液状体は物的要素の一つではあるが、見方を変えると、ある性質に関しては物質とは言えないものがある。もし単純に液状体をもって、物質と割りきってしまうと、霊もまた物質ではないとは言えなくなってしまう。液状体は霊と物質の媒介物であり、物質を固体とすれば、これは液体である。また、これは霊の直接作用を受け、物質と無数の結合を通じつつ、敏感に作動して、無限の種類のものを産み出す。尤《もっと》も人間は今日まで、これらのもののほんの一部を知っているにすぎないが。この宇宙の根源的液体は、霊が物質に作用するための媒介物であるが、また、物質がこれなしでは永久に物質でありつづけ得ない原理、またこれがなければ、物質が計量という性質をもつことの出来ない原理でもある」

――この液状体とは、いわゆる電気と考えてよろしいか。

「既に述べたように、これは無数の結合に敏感なもの。諸君の言う電気的液体・磁力的液体などは、この宇宙的液状体の変化したものをさす。より正しく表現すれば、これはもっと完全なもっと精妙なものそのもの、それじしん独立的存在と考えてよいものである」

〔三八〕　霊があるものであるとすれば、液状体と霊を、それぞれ内的物質及び知的物質と言った方が、よりはっきりするのではありませんか。

「用語上の問題は吾々には余り大切ではない。諸君は分かり易くするために定義を下すのだと言う。しかし、それはピタリとした言葉がないためそうなることが多い。とにかく、人間は五官に触れないものを表現する言葉を欠いているので、そうなりがちだ」

物質の性質

〔二九〕　鈍重さは物質の本性ですか。

「そのとおり。但し、それは人間が知っている物質の本性であって、宇宙的液状体としての物質の本性ではない。このエーテル的で精妙な物質は、人間からみると重さはない。しかし、これは物質の原理である」

〔注解〕鈍重性は相対的な性質である。宇宙諸天体の引力空間の彼方には、重さなどというものはない、そこに上も下もないように。

〔三〇〕　物質は一つの要素からできているのですか、それとも幾つもの要素からですか。

「唯一つの根源的要素からである。諸君が純粋と考えている実体も、実は基本的なものではない。それらは根源的なものの変形にすぎない」

〔三一〕　物質のもつ多様な性質はどこからくるのですか。

「それは基本的分子の結合や活動の結果生じた変化である」

〔三二〕　それでは、ものの味、匂い、色、音、毒性などは、そのような変化の結果にすぎないのですか。

「そのとおり。それは、これを感受する各器官の受け取り方で違ってくるだけである」

〔三三〕　この根源的なものは、変化を受け易く、また多様な性質をもち易いのですか。

「そのとおりである。すべてのものはすべてのものの中に在り、そういう言葉があるが、それはまさにこの事実を指す」

〔注解〕　酸素・水素・窒素・炭素・その他すべての元素を、吾々は純粋というが、実は単なる一つの基本的要素の変化したものにすぎない。今日まで吾々は、知的な演繹は別として、基本的物質には到達していない。この故に、吾等は諸元素をもって根源的要素とみなしている。当分はこのような状況がつづかざるを得ないであろう。

——右の見解は、物質には力と方向の唯二つの基本的性質があるのみ、とする人達の意見を支持することになりませんか。即ち彼等は、物質の他のすべての性質は、力の強さと活動の方向に応じて変化する、その二次的な結果にすぎないと言っていますが。

「その説は正しい。唯それに、分子配合の方式に応じて、ということを付け加えねばならない。諸君もご存じのとおり、たとえば不透明の実体が透明になり、その逆にもなる、こういうことであるから」

〔三四〕物質の微分子は一定の形式をもつのですか。

「もっている。しかし人間の五官には感じないものである」

——その形式というのは、一定ですか、それとも変化しますか。

「根源的分子は一定であるが、二次的分子となると変化する。とにかく、諸君等の言う分子は、この根源的微分子とは甚だ違ったものである」

宇宙空間

〔三五〕宇宙空間は無限ですか、それとも有限ですか。

「無限である。境界があると考えてみよう。ではその境界の向こうに何があるだろうか。こう考えていくと何もかも分からなくなる。しかしながら、これ以外にどう考えたらよろしいか。従ってどう考えてみても、無限という観念にゆきつく。唯この無限という観念は、人間の小さな頭では、とても理解できるものではない」

〔三六〕　絶対の真空というものが、どこかの空間に存在するのですか。

「いや、真空は存在しない。人間が真空と思うところにも、人間の五官の及ばない状態の物質が存在している」

三章

創造

宇宙の創造

〔三七〕　宇宙は創造されたものですか、それとも神のように初めから存在していたのですか。

「確かなことは、宇宙は自成した筈はないということ。では初めから在ったのかというと、それでは神の作品とは言えなくなってしまう」

〔注解〕　吾々の理性によると、宇宙がみずからを創ったとは考えられない。また偶然に出来たとも考えられないから、結局、神の創造と言わざるをえなくなる。

〔三八〕　神はどのようにして宇宙を創造されたのですか。

「普通の言い方をすれば、神の意志によって、ということである。〈神が光あれ、と言い給うと光があった〉、これは旧約聖書の創世記の有名な言葉だが、これ以上に、神の全能の意志による行為を表す観念は他にはないであろう」

〔三九〕　宇宙はどのようにして成ったか、私共はこれを知ることが出来ましょうか。

「諸君に理解できる範囲内で説明すると、こうだ、各天体は、宇宙空間にひろがっている物質が凝縮して形成されたものである」

〔四〇〕　現在想像されているように、彗星は根源的物質の凝縮の初め、すなわち生成過程の天体、こう考えてよろしいか。

「そのとおりである。しかし、それから発する影響を信じるのは愚である。ここで影響とはそれから生まれた影響という意味である。というのは、天体はすべて何らかの物理現象の生成から影響を受けるものだからである」

〔四一〕　一度形成された天体が消滅することがありますか。また、天体を形成している物質が、再び空間にまき散らされることがありますか。

「それはある。神は生物を更新されるように、天体も作りかえられる」

〔四二〕　地球などの天体を創造するのに、どれくらいの年代がかかったのですか。

「これについては何も答えられない。神のみが知り給うことだから。中には、いかにもそれを知っているかのように、また年代を得々と述べる者がいるが、まことに愚かなる者である」

生命の創造

〔四三〕　地上に生命が発生したのはいつ頃ですか。

「初めは混沌とした状況であった。混沌の中で、要素が混合された。漸次、これら要素がその処を得、その後、次々と変わる地球の状況に応じて、生物の各段階が現れた」

〔四四〕　これら生物は何処から来たのですか。

「これら生物の種子は地球そのものの中にあって、適当な出現の時を待っていた。有機質はある力によって初めばらばらになっていたが、その力の停止とともに集合し、地上生命の種子《たね》を形成した。これらの種子はさなぎや植物の種子のように、内部にひそんで時節の到来を待っていた。次いで、各種の生命が現れ、増加した」

〔四五〕　地球生成以前に、有機質は何処にあったのですか。

「それは、いわば液状をなして、空間に、霊達の中に、あるいは他の遊星に在って、新しい天体での新生を求めて、地球の生成を待っていた」

〔四六〕今日でも、自分からすすんで、新生してくる生きものがあるのですか。

「それはある。但し、それらの種子《たね》は既に潜在的に存在していたわけである。諸君等もそういう現象を常に見るのではないか。人体や動物の組織も多数の寄生生物を宿している。これらは発生に必要な腐敗発酵が起こるのを待っている。人間は創造過程にある微生物世界を蔵しているわけである」

〔四七〕人類も、かつて地球に内蔵されていたのですか。

「そのとおりである。創造主の意図された時に人類は発生した。故に、バイブルには〈人間は土くれより創られた〉と書いてある」

〔四八〕私共は、人間や地上生物の出現の年代を確かめることが出来ますか。

「出来ない。考察してみても、それはすべて空想である」

〔四九〕もし、人類の種子《たね》が有機的要素の中に在るものなら、今日においてもなお、かの発生時と同じように、人類の創造は行われないのですか。

「もののめのことは吾々には分からないが、次のことが断定できる。人間の始祖達は出現の時に、必要な要素を吸収した。これにより、再生生殖の法則に従って子孫にこれが伝えられることになった。他の生物の場合も同様と考えられる」

始祖アダム

〔五〇〕 人間の始祖は一人ですか。

「いや違う。アダムは人間の始祖ではない、また地上に人間を増やした唯一の人ではない」

〔五一〕 アダムはいつ頃の人か分かりますか。

「西暦紀元前約四〇〇〇年」

〔注解〕 伝説で有名なアダムとは、過去にしばしば起こった地殻大変動を生きのびて、現在種族の建設者となった者の中の一人であった。人類発生以来の進歩が、近々六〇〇〇年前のアダムの時から行われたとすれば、人類の進歩はものすごいものになるわけだから、これは正しくない。だから、アダム始祖物語は、神話か寓話の類と考えられる。

人種の相違

〔五二〕人種によって、身体的・精神的な相違があるのは何故ですか。
「それは気候風土、生活様式や社会習慣の相違による。同じ親から生まれた二人の子供の場合も、離れて育って生活環境が違うと、同様な相違がおこる。これは精神的に全く違ってくるからだ」

〔五三〕人種はそれぞれ別の地域に出現したのですか。
「そうだ。しかもそれぞれ時代を違えて出現した。これが人種による相違の一原因である。原始時代の人間は、いろいろな気候風土にひろく分布していたので、自国民より他国民と結び付いた結果、人間性の新しい型をつくる源となった」

――これが新種の原因ですか。

「いや、そうではない。それは単に一種族をつくるにすぎない。同じ果実でも、いろいろな相違が出てくれば、同一種だとは申せなくなる」

〔五四〕人種が同一祖先から出ていないものとすれば、兄弟とは言えませんね。

「人類はすべて神に対して同じ関係にあるから、兄弟である。人類は同じ霊から生命を受け、帰る処も同じ処であるから」

世界の多様性

〔五五〕天体にはすべて生物がいるのですか。

「いる。諸君等は、地上の人類はその知性、道義性、進歩の点から第一等と思い込んでいるが、とんでもない。また、無数にある天体の中で、地球にだけ人類が住んでいると思っているようだが、これも勝手な考えである。諸君等は、神が宇宙を人間中心に創ったように思っているが、誤謬も甚だしい」

〔五六〕各天体の物理的構造は皆同じですか。

「そうではない、皆違っている」

〔五七〕そうだとすれば、そこに住む生物の構造も違っているのですか。

「左様。丁度、魚が水に住み、鳥が空に住むために、構造が違っているのと同じことである」

〔五八〕太陽からずっと離れた遊星、太陽がまるで一粒の星のようにしか見えない遊星では、光も熱もずっと少ないのではないでしょうか。

「諸君は、太陽以外に光と熱はないと思っているのかな。諸君等は電気の働きを考えてはみないのか。それは、地上でよりずっと大きな働きをしているのだ。また、それら遊星の住人達も、諸君等と同様に、五官の働きをもって、ものを見る、この事実がお分かりかな」

旧約聖書の天地創造の説話

〔五九〕天地創造については、各民族各様の考え方をもっている。しかしそれは、各民族の科学的な発達に応じたものなのである。人類の始祖アダムも、宗教的信仰で歪められ、一人だと思われていたが、そうではない。それは地動説が、聖書の信仰と違うことから迫害されていたのと同じことだ。

旧約聖書では、天地は六日間で創造され、それはキリスト生誕前四〇〇〇年のことであると教える。それまでは天地もなく、天地はその時無から創造されたというわけである。今日では科学がこれをはっきり否定している。地殻の中に地球生成の歴史ははっきりと書かれているからである。

天地が六日間で創造されたというのは、多くの時代を幾つも重ねたということである。ただこれをこのまま認めると、逆にバイブルに記してある事実は、すべて比喩であるとする間違いを犯す。つまり、聖書は結局信じるに足りないものとなる。そうではなくて、これを解釈する人間の方が間違っているのである。

四章　活力原理

有機体と無機体

〔六〇〕　物質の要素を結び付けて、有機体を作るときの力、無機体を作るときの力、これは同じものなのですか。

「同じものである。結合集約の法は、何れの場合も同じなのである」

〔六一〕　有機体と無機体をつくっている物質の間には、何か相違がありますか。

「それは同じものである。ただ有機体の場合は、その物質に動物性が与えられている」

〔六二〕　物質が動物化する原因は何ですか。

「物質と活力原理との結合による」

〔六三〕　この活力原理というのは、別個の動因ですか、それとも有機化した物質のもつ特性ですか。換言すれば、活力原理は原因ですか、それとも結果ですか。

「それはどちらとも言える。生命とは物質に及ぶ動因の活動によって生じる結果である。この動因は物質なしでは生命とならないし、また物質は、この動因なしでは生命をもたない。この動因を吸収同化するものは、すべて生命を得る」

〔六四〕　宇宙の二大構成要素は、物質と霊の二つであることは既に学びました。すると、この活力原理とは、第三要素というべきものですか。

「確かに、これは宇宙の構成に必要な要素の一つである。しかしこの根源をたずねると、この目的のために宇宙物質が特に変化したものと言える。諸君にとり、これは酸素や水素と同様、基本的なものだ。しかし、根源的要素でないことも同様。諸君等の知っている諸元素は、諸君等には純粋に思えても、根源的液状体の変形であることは、前にも述べたとおりである」

——とすると、活力とは根源的動因というわけでなく、変容した宇宙物質のもつ特性と言うべきなのですか。

「御説のとおり、上記の説明を要約すればそうなる」

〔六五〕　活力原理は、私共が知っている、何か実体の中に在るのですか。

「活力原理の本源は宇宙的液状体の中にある。諸君が磁気とか電気とか呼んでいるものがそれである。これは霊と物質との間を結ぶ媒介物である」

〔六六〕　どの有機体の活力原理も、みな同じものですか。

「そうである。但し、その種によって変形はされている。自ら動く力の源はこれ、動物と物体との違う点もこれにある。物質は自ら動かない。動かされている、自ら動く力をもっていない」

〔六七〕　活力は、活力原理の中にひそむ不変の属性ですか。それとも、活力原理をもつ有機体の運動によって発動するものなのですか。

「それは有機体との結合の結果発現する。前にも述べたとおり、この活力動因は物質なしには生命とならないと。この両者の結合は、生命の創成に不可欠のものである」

――では、活力動因が物質と結合しないときは、活力は潜在していると言ってよろしいか。

「そのとおりである」

生命と死

〔六八〕　有機体の死はなぜ起こるのですか。

「身体器官の消耗が原因である」

——機械の歯車がはずれると動きが止まります。死とはこんなものですか。

「左様、機械はその道からそれると、動きが止まる。肉体も病気になると、生命が肉体から出る」

〔六九〕　心臓障害は、他の器官の障害よりも、確実に死の原因となります。何故ですか。

「心臓は生命をつくる機械である。しかし、働きが止まれば死ぬというのは、何も心臓一つに限ったことではない。心臓は機械を動かすに必要な歯車の一つにすぎない」

〔七〇〕　死ぬと、物質や活力原理はどうなるのですか。

「物質そのものは崩壊して、他の生物の身体をつくるのに使われる。活力原理は、宇宙の液状体の集団の中へ帰る」

知性と本能

〔七一〕　知性とは、活力原理から出たものですか。
「いや、植物は生命があっても、考えることをしない。それは単に有機的生命にすぎない。知性と物質とは全く別個のものである。何となれば、肉体は知性なしでも生きていけるが、知性は肉体なしでは発現できないからである。動物に知性が働くのは、霊との結合によってそうなるのである」
〔注解〕　1、生命のない存在――これは単に物質であって、生命もなければ知性もない、鉱物がこれである。2、生命はあるが考えることをしない存在――これは物質に活力原理を加えたもので、知性はない。3、生命をもち且つ考える存在――物質と活力の外、更に思考能力のもとである知性原理をもっている。
〔七二〕　知性の源は何ですか。
「これは既に述べたとおり、宇宙的知性これである」

――では次のように言ってよろしいですか。知性をもつ生きものは、宇宙の源から知性の一部を引き出して同化する、丁度、物的生命の原理を引き出して身につけるのと同じ具合いに。

「いや、そういうふうに言ってしまうと、事実と大分違ってくる。つまり、知性とは個体のもつ個有の能力であって、その者の人格を形成するものであるから。前にも述べたとおり、人智の及ばないものが此の世にある、この問題はまさにそのような種類の一つである」

〔七三〕　本能と知性とは別個のものですか。

「いや、それは違う。本能とは知性の中の一つである。本能は非理性的な知性であって、低級な生物の場合は、この本能からその欲求が生まれてくる」

〔七四〕　本能と知性とに境界線を引くことができますか。つまり、ここから知性であり、ここからが本能であるというような。

「いや、この二つはしばしば入り交じることがあるから、それは出来ない。しかし、これは本能的行動であり、これは知性的行動であるということは、容易に見分けられる」

〔七五〕　本能が強いと、知性の成長に害があると考えてよろしいか。

「いや、そんなことはない。本能はいつも自己主張するのだが、人はこれを無視してしまう。本能も理性と同様、人間を正しい方向へ向かわせるものである。本能の声は、理性の場合よりももっと確実にその指針を示すことが多い。本能は決して道を誤らせるものではない」

――理性が必ずしも絶対確実な指針ではないというのは、何故ですか。

「理性が、誤った教育や高慢な利己によって犯されることがないなら、理性の指針は絶対的である。この点が本能と違う点だ。理性は自由選択に委されるものであって、このゆえに人間には自由意志がある」

第二部　霊魂の世界

五章
霊

霊の起源と本質

〔七六〕　霊は何と定義したらよろしいですか。

「霊とは被造物の中の知的存在である。これは物質世界の種ではなく、宇宙的存在物である」

〔七七〕　霊と神とは別ものですか。それとも、神の部分、つまり神の子とでも言うべきものですか。

「霊とは神の製作物である、丁度、機械が技師の製作物であるように。即ち、機械は人間の製作物であって、人間そのものではない。しかしお分かりの通り、人は美事な価値ある物を作れば、それを吾が子よと呼ぶ。神に対する吾等の関係はこれである。この意味で吾等は神の子である、何となれば吾等は神の巧みの作物であるが故に」

〔七八〕　霊に初めがあったのですか。または、神のように無始無終、永遠不滅のものですか。

「もし霊に初めがないとしたら、霊は神と同じになる。しかし、霊は神の被造物であり、神の意に従うものである。神が永遠であることに異論はない、だが神がいつどのように霊を創造なされたかは知る由もない。されば諸君はこう申すであろう。この意味で吾等霊に初めはないと、即ち神は永遠であるが故に、絶え間なく神は創造なされたに違いないと。しかし、重ねて申すが、神がいつどのように、吾等を創り給うたか、誰も知る由もない。これは大きな秘密である」

〔七九〕　宇宙には、知性と物質の二つの要素があります。従って、肉体は物質的要素で創られ、霊は知的要素で創られていると、こう考えてよろしいですか。

「それは自明のことである。霊は知的原理の個性化したものであり、肉体は物質原理の個性化したものである。ただ、いつそれが創られたのか、どのような方法で創られたのか、ここのところは判りかねる」

〔八〇〕　霊の創造は今もつづいていますか。それとも最初に行われてそれきりですか。

「今も行われている。神は未だかつて創造の手を止められたことがない」

〔八一〕　霊は自然発生的につくられるのですか、霊は霊から生まれるのですか。

「神は万物を創り給うたように、神の意志をもって創り給うた。ただ、その始源は神秘にして知る由もない、これは前に述べたとおりである」

〔八二〕　霊は非物質的なものと考えてよろしいですか。

「他に比較するものもなく、またこれを表現する適当な言葉もないものを、どうして定義など出来ようか。例えば、生れつきの盲人に光が定義できようか。〈非物質〉というのは正しくない、〈形のない〉と言った方が真実に近い。何となれば、諸君は霊が被造物であっても、実在の何かだと理解しているから。霊とは、本質的な「物」（注）である。但し、諸君の知る限りでは、これに比すべきものもなく、従って五感ではとらえようもない精妙な「物」なのである」

（注）後出の通信によると、宇宙は三要素すなわち三つの実在形式で成り立っていると、伝えている。即ち、魂・力・物質、この三者である。また次のように言っている、前二者、魂と力は非物質的実体であって、「物」という語は媒体を

形成する要素に限定すると。

〔八三〕　霊の存続期間に一定の限度がありますか。私共としては、霊を生んだ本源は永遠だと思っておりますが、ただ、今知りたいことは、霊の個性は一定期間の後になくなるのかどうか。肉体は死によって一般の物質に帰りますが、霊もいつかは個性を失って、霊を構成している要素が壊れてしまうことがあるのかどうか、この事です。初めをもったものが、終りをもたないということは考えられませんから。

「諸君の知性には限りがあるから、此の世には諸君に理解できないものが多々ある。だがそう言ってすませるわけにもいくまい。父親に分かっていることは何でも子供に分かるわけではないし、学者が理解することを何でも無知な人が理解するわけでもない。で、次のように言っておこう、霊の存在に終りはないと。現在はこれ以上のことは、吾々にも言えない」

〔八四〕　人間の目に見えない霊魂の世界というものがあるのですか。

「ある。霊の世界つまり物質を伴わない知性の世界が存在する」

〔八五〕　宇宙の見地からすると、霊の世界と物質の世界と、どちらが本源的なものですか。
「それは霊の世界である。それはすべてのものより先に在ったし、またすべてのものの後も存在するものである」
〔八六〕　物質世界の出現も、その終末も、霊の世界での何らかの変化なしには、起こらないのですか。
「左様。両者はそれぞれ独立したものだが、両者はたえず相互に影響し合っている。その関係は切っても切れないものである」
〔八七〕　霊の世界とは、この空間の中に存在するのですか。
「霊魂は何処にでもいる。この無限の空間には、無数の霊が住んでいる。諸君には感じられなくても、霊はいつも諸君の傍に居て、諸君を見守り影響を及ぼしている。すなわち霊魂とは、大自然の力の一つであり、しかも神の経綸実現のための神の手足であるから。と申して、すべての霊魂がどこへでも行くわけではない。未発達の霊魂には入って行けない場というものがある」

霊の形と遍在

〔八八〕　魂は一定のしっかりした形をもっていますか。
「人間の目から見れば、そうは見えない。しかし、吾々霊魂の目よりすれば、魂は形をもっている。と言っても、人間からすれば、何やら焔のような、微光のような、エーテルの火花のようなものに見えるかもしれぬが」

――その焔や火花には色がありますか。

「もし人間が見ることが出来るならば、うす暗い灰色のものや、光輝くルビー色までいろいろの色がある。それはその霊魂の魂の清らかさによって違うのだが」
〔八九〕　霊の空間の移動には時間を要しますか。
「必要とする。但し、その動きは思念の速度と同じである」

――思念とは、魂そのものの動きではないのですか。つまり、魂が思念する場所や目的物へ向かって、魂自身が動くことではないのですか。

「思念するものが魂である限り、思念ある処に魂あり。思念は魂の属性である」

〔九〇〕霊が甲地より乙地へ移動する場合、その動く距離というものを意識していますか。あるいは霊は思った瞬間に、もう移ってしまっているのですか。

「どちらの方法でも使える。もし希望するなら移動する距離を意識することも出来るし、反対にそれを意識しないで行くことも出来る。これは霊の意志とまた浄化の程度によるものである」
〔九一〕物質は霊の移動の障害となりますか。
「いや、霊はあらゆるものを貫通する。空気も土も、水も火も、ものの数ではない」
〔九二〕霊はあらゆる処に在ることが出来ますか。つまり、霊は自分を分割できるのか、同時に幾つもの場所に存在できるか、ということですが。
「どんな霊も自己を分割することは出来ない。しかし、霊とは光を放つ中心と言えるものであって、従って、一つの霊が同時に、幾つかの場所に存在するように見えるかもしれない。丁度、太陽は一個の塊《かたまり》でありながら、あらゆる方向に光を放ち、その及ぶ範囲は莫大なものである。しかし太陽は分割されたわけではない」

——霊の放射する力は、どれでも同じですか。

「それは多大の相違がある。それというのも、浄化程度の相違によるわけである」

霊の外被

〔九三〕　霊は外被をまとっているのですか。また一部で言われるように、ある種の物質に包まれているのですか。

「霊は、人間の目には、蒸気のように見えるある種の物質でくるまれている。但し、吾々霊の目には甚だ濃厚に見えるが。しかしこの外被は、空間を自在に飛行するにふさわしい程、軽やかなものである」

〔九四〕　霊はどこから、その半物質の外被を引き出すのですか。

「各天体の宇宙的液状体から引き出す。従って天体によって霊の外被は違う。霊が一つの天体から他の天体へ移行する時は、諸君が着物を変える具合いに、その外被を変える」

——此の地上より高級の世界に住んでいる霊が地上に出現する時は、鈍重な物質を身にまとわねばならないのですか。

「そうだ、地上に入るためには、地上の物質を身にまとわねばならぬ」

〔九五〕　この半物質の霊の外被は、一定の形をもっていますか、また吾々人間にも知覚できますか。

「左様、霊は自分の好む形をとることが出来る。従って、場合によっては諸君の夢の中、あるいは目覚めている時にも、諸君の目に見えるように出現することが出来る。目に見えるだけでなく、手で触れるようにさえ出来る」

霊魂の諸段階

〔九六〕　霊魂はすべて同じですか。それとも、段階や程度の差がありますか。

「霊魂はそれぞれ達成した浄化の度合いにより、程度がさまざまに違っている」

〔九七〕　その段階の数はきまっていますか。

「段階の数に制限はない。霊の向上進歩の段階と段階の間には、障壁とか区画線のようなものはない。つまり、霊を区分けする定まりというものはないのだから、霊をどう見るか、見る人の見地に従って、段階の数も多くもなり少くもなる。しかしながら、吾々は霊を、一般に大きく三つの段階に分けて考えている。最高の第一段階に置かれる霊魂は、「浄化霊」とも言うべき、おおむね完成の段階に到達した霊魂である。第二段階に置かれるものは、上昇の段階の半ばに達した霊魂、即ち完成への情熱が主感情となって、浄化への階段を昇りつつある霊魂である。第三の最低の段階にあるものは、低いところにとどまっている未完成の霊魂達である。これら低級霊の特色は、無知であること、悪を好むこと、進歩向上の害となる色々な悪い感情をもっていることである」

〔九八〕　第二段階の霊がもっているのは、完成へ向かっての情熱だけですか。それを達成する力はもっていないのですか。

「彼等は、それぞれ到達している浄化の程度に従って、それ相応の力をもっている。ある霊は科学的知識において勝り、ある霊は知恵や親切心に特徴をもっている。しかしながら、彼等はいずれも、なお苦しみと誘惑を通じて試練を耐え忍ばねばならぬ」

〔九九〕　第三段階の霊は、すべて本質的に悪ですか。

「いや、そんなことはない。その中の一部の霊は、非活動的で、善悪いずれもなさず、どっちつかずである。また他の一部は、悪を楽しみとし、何か悪をなす機会を見つけると、これを喜ぶ。その他の霊は悪というよりも、軽薄で、愚かで、気まぐれで、いたずら好きであり、積極的に悪意をもつというよりも、気まぐれで他をだましたりする。彼等は自分の力の及ぶ人間達をだましたり、面白がって、人をちょっと困らしては、毎日を楽しんでいる、そういう霊達である」

〔一〇〇〕「霊魂の段階は、進歩の度合い、達成された資質、なお残っている未完成部分、これらを基にきめられる。しかし、この段階とて絶対的なものではない、段階の差は総合的な判定によるものである」

第三段階――未完成の霊魂

〔一〇一〕　特色――物質の影響が支配的、悪への傾向あり。以上より、無知、高慢、及びあらゆる悪い感情をもつ。

神は存在するの直観はもつが、神についての理解は皆無である。彼等は、全部が全部悪いわけではない。その多くの者は、悪そのものというよりは、軽薄であり、理性が欠乏しており、いたずらを好むという状況である。一部の者は、悪もなさねば善もなさず、しかしその善をなさぬということは、彼等の未完成の証拠ではある。一部の者は悪を好み、ある程度は知性はあるが、これを楽しむ。

この段階の霊達にも、ある程度の知性はあるが、それが悪やいたずらと結び付いている。しかし、その知性の現れが何であろうと、根本において進歩向上の意欲がなく、その情緒も卑しい。

彼等の霊的世界についての知識は狭い。その僅かの知識も、地上の観念や偏見で歪められている。しかし慎重な人なら、彼等の不完全な通信の中にも、更に上級の霊達の伝える真理を裏付けるものを発見できるだろう。

霊の品格は、通信の言葉を見れば分かる。悪意のみえる通信を送る霊は、第三段階の霊である。従って、吾々の心の悪い思念のささやきは、この第三段階の霊魂から来る。

彼等は善霊達の幸福を見て、永遠の責苦を感じ、羨望と嫉妬でたいへんな苦しみを味わう。

彼等には、地上生活の苦しい記憶や感覚が残っていて、その苦痛たるや実際に味わうよりも辛いものである。地上で自分がなめた色々な不平、また他の人をおとしいれたあれこれの悪事、その二つが彼等を苦しめる。その苦痛は際限なくつづく。従って、彼等はその苦痛は永久に消えないものと思い込んでいる。その思いこそ、罰として、神の望み給うところである。

彼等は五段階に分類することができる。

〔一〇二〕　第一〇階級——不浄霊

彼等は悪への傾向をもち、彼等の思想と行動のすべての目的は悪である。彼等は人間をだます、無秩序と不信を助長する。欺くためには、最も効果的に、さまざまの仮面を装う。彼等は暗示にかかり易くて、性格の弱い人間につきまとい、進歩向上の道から転落させる。彼等は、人間が地上の試練に負けて、進歩でつまづくと、大いに喜ぶ。

この階級の霊はその言葉遣いをみれば分かる。下品で俗悪な感じがするなら、それは必ず下劣な品性の現れである、これは霊魂も人間も同じことだ。霊界通信はその霊魂の品性を示すものである。彼等は合理的で礼儀正しい態度を装って話し、良い印象を人に与えようとするが、それを守り通すことは難しく、結局は馬脚をあらわす破目となる。

ある国では彼等を悪神となし、ある国では悪魔、邪悪霊と言う。彼等が生まれ変わって人間となると、下品下劣な悪徳に耽る。即ち肉欲、残忍、詐偽、偽善、邪欲などである。彼等は動機なしに、悪のために悪を行う。また善人への憎しみから、正直で立派な人の中から犠牲者を選ぼうとする。彼等がどんな階級に属していようと、その社会にとって、彼等は常に害毒である。教養があっても虚飾にすぎず、それをもって賎しい品性を直すことも隠すことも出来ない。

〔一〇三〕　第九階級――軽薄な霊魂

これらの霊は無知、非理性的、いたずら好きで、人を愚弄して喜ぶ。何にでも口をはさんで、出まかせに質問に答える。つまらぬ騒ぎを引き起こしたり、ぬか喜びをさして人をかついだり、人を煙にまいたり、だましたりして人を誤らせる。いたずら好きの小鬼、地の精、小人などと呼ばれる霊はこの階級に属する。彼等は召使のように上級の霊に利用される。

彼等の通信の言葉は奇智に富み、ひょうきんだが、内容は浅薄である。彼等は人間でも事物でも、何か変わったこと馬鹿げたことには、素早く飛び付く。たとえば、彼等は好んで有名人の名をかたったりするが、これはだますためでなく、人をかついで面白がるためである。

〔一〇四〕　第八階級――知ったかぶりをする霊魂

これらの霊の知識は、しばしば相当なものがある。しかし、彼等は実際以上に自己を過信している。彼等はいろいろの見地から、ある程度の進歩をしているので、その言葉は重みのある感じをもっており、うっかりすると能力や人格など相当なものではないかと見られ易い。しかし、その内容は、地上の偏見や誤謬の反映以外の何ものでもない。その通信で述べる意見は、真理と誤謬の混乱したものであって、彼等のとらわれている傲慢、高慢、嫉妬、頑固さが多分に顔を出している。

〔一〇五〕　第七階級――どっちつかずの霊魂

彼等は積極的に悪をする程悪くはないが、進んで善をなす程進歩もしていない霊魂である。ある時は善を、ある時は悪を、どっちつかずである。従って、道徳的にも知的にも、人類の平均値以上には出ていない。彼等は地上の物に執着をもっており、その満ち足りた日々を恋しがる。

〔一〇六〕　第六階級——騒々しい霊魂

この種の霊魂は、厳密に言うと、個性の点では、はっきりとした階級をつくっているとはいえない。つまり、第三段階のあらゆる階級に属しているともいえる。彼等はしばしば叩音《こうおん》、物品移動、空気のかく乱など、五官に感じる現象を起こす。彼等は他のどの階級の霊よりも物質と密着しているようだ。従って、地水風火を変化させる張本人である。こういう自然現象の変化に、何か意図が見える時は、単に偶然の物理的現象とばかりは考えられない。霊魂ならどんな霊魂でも物理現象を起こすことが出来る。しかし、上級の霊魂は、そういう現象は低級霊に委せてしまう。特に知的なことより物質的なものに対する行為の場合は、そういう傾向がある。そういう物理的現象を起こした方がよいと上級霊が考えた場合は、補助霊として、低級霊を使用する。

第二段階――善霊

〔一〇七〕　一般的特色

物質に対する霊の優越、つまり進歩向上への意欲、これが第二段階の特色である。彼等の善性と力量は、その到達した程度に比例している。ある霊は科学的知識をもち、ある霊は知恵と慈悲心をもつ。更に優秀な霊は、道徳性と知識を共にもっている。彼等は未だ十分に物質から脱却していないので、その階級に応じて、大なり小なり、地上生活の痕跡をとどめている。その痕跡は風貌にも、習性にも、また場合によっては、独特の癖や嗜好にも現れている。しかし、この弱点や未完成の故に、将来第一段階に進む余地を残しているわけである。

彼等は、神と永遠の観念について理解をもっている。従って、高級霊の無上の喜びの一部にあやかっているわけだ。彼等は善を完成し悪を避けることに幸福を見出している。彼等は互いに博愛で結ばれていて、その喜びは口に言えないものがある。その喜びには、羨望も悔恨もなく、低級霊のもつどんなつまらぬ感情もまじっていない。しかし、浄化を完成する日までは、試練の苦しみをなお耐えねばならない。

彼等は霊の立場から、人間の心に善良で高尚な思想を吹き込む。悪の道から人をそらせ、援助に値いする人を守り、悪霊のささやきに耳をかさない人に、助言を与え、悪霊の影響を消してしまう。

彼等が生まれ変わると、正直で慈悲心に富んだ人間となる。こういう人間は、高慢・利己主義・野心に心を奪われることはない。彼等は憎しみ、恨み、羨望、嫉妬を心に感じることなく、善のために善を行う。

一般の信仰で、善霊とか守護霊とか言われている霊はこれに属する。無知と迷信の時代には、人は彼等を幸運の神と考えてきた。彼等は四つに分類できる。

〔一〇八〕 第五階級――慈善的な霊

その特性は親切心である。彼等は人に奉仕し人を守ることに喜びを感じる。しかし、その知識は狭い点がある。彼等は知性よりも道徳性の点で進歩している。

〔一〇九〕 第四階級――学識をもった霊

その特性は知識の面で卓越していることである。彼等は、その長所である科学的研究に強い関心をもち、道徳的問題にはそこまでの関心を示さない。しかし、その科学的研究は常に実際に役立つことを主眼としており、低級霊に共通している賤しい感情は全くない。

〔一一〇〕　第三階級——賢者の霊魂

その特性は極めて向上した道徳性である。彼等は無限の知識をもつ点にまで達してはいないが、人間や事物についての正確な判断を下すだけの知性を開発している。

〔一一一〕　第二階級——高級霊

彼等は極めて高い程度の、学識と知恵と善性を兼ね備えている。彼等の霊界通信は慈愛の至情から発するもので、高貴、崇高、謙虚である。その卓越性のゆえに、他界の真実にして公正な観念を、地上人に能う限りの範囲内で、これを伝えるに適している。彼等はすすんで、真摯《しんし》でひたすら真理を求める人々との通信を開こうとする。そのような人達とは、十分に物質の束縛から離れていて、その通信を理解できる能力を具えた人達である。だから、奇を好むために事をなす人、物質の誘惑で道を踏み違うような人からは、顔をそむける。

例外的に彼等は地上に再生することがあるが、これは進歩の使命を達成する、そのためのものである。こういう人物は、今日吾々が地上で画き得る限りの至高完全の人柄を示す。

第一段階――清浄霊

〔一一二〕特色

物質の影響はない。他の段階の霊と比較するとき、完全と言えるほど、知的、道徳的に卓越している。

〔一一三〕第一階級――単一階級

彼等はすべての進歩の段階を通過したので、一切の物質的不純なものから超脱している。人間が到達できる限りの完成の域に達しているので、もはや試練も罪の償いもうけることはない。もはや肉体をとって再生する必要もないので、直接神の前にあって永遠の生活に入っている。かくて彼等は不変の至福の中にあるので、もはや物質生活の欲望や浮沈に動かされることはない。しかし、この至福は決して単調な永久の瞑想ではない。彼等は神の使徒、連絡係、即ち宇宙の調和を維持するための神の命令の執行係である。彼等は下級のあらゆる霊魂に、厳粛な命令を執行し、その浄化の仕事を遂げさせるために援助を行い、進歩に応じた使命をそれら霊の一人一人に割り当てる。人間に対しても、苦しむ者を助け、善の方へ感奮興起させ、至福の道の障害となる欠点を消すように努力する。この仕事は彼等の気質にかなった務めである。彼等は時として、天使とか、天使長とか、最高天使とか呼ばれる。

彼等は、自らその必要を認める時には、人間との通信を開くことが出来る。しかし、もし何時でも彼等と通信が出来ると言う人があるなら、それはまことに僭越というものだ。

霊魂の進歩

〔一一四〕 霊魂の本性は善ですか悪ですか。それとも、努力いかんで善にもなり悪にもなるのですか。

「努力次第である。進歩に従って、下級の段階から上級の段階へと上るのである」

〔一一五〕 初めから、善い霊と悪い霊があるのですか。

「神はあらゆる霊魂を、等しく、単純無知、即ち知識のない状態で創造された。神はその一人一人に使命を与えられた。それは、彼等を啓発させるため、また、真理を学びつつ漸次完全へと到達させるため、最後は神のみもとに近付けるためにである。この完成こそ、霊魂にとり、永遠完全の幸福の状況である。霊魂は神によって課せられる試練を通過して知識を獲得する。この試練を素直にうけとる霊は、速やかに最後の目的を達成する。そうでない霊は、この試練に愚痴をこぼし、自分の欠点のために、自分に約束されている完全と至福から程遠い処でもたついてしまう」

——上記の説明によると、次のように考えてよろしいですか。霊魂はその初めは、子供のように無知無経験であるが、人生の諸経験を経過して、歩一歩欠けている知識を獲得していくのであると。

「そのとおり、その例えでよろしい。わがままな子は無知と欠陥のままで低滞するが、素直な子はそれに応じて良くなっていく。ただ人間の一生は此の世かぎりだが、霊魂の生活は無限の彼方につづいている」

〔一一六〕　霊の中には、永久に低い段階に止まるものがありますか。

「いや、すべての霊が完全を達成する。かりにどんなに低滞の時期が永くても、そのうちに必ず転機がくる。前にも述べたとおり公正で慈愛深い親なら、自分の子供を永久の罰に閉じ込めておくことができようか。まして、至高至善公正無比の神にして、人の親に劣ると考えられるか」

〔一一七〕　完全に向かっての進歩が早いか遅いかは、霊魂自身の責任ですか。

「しかり、霊自身の進歩への情熱、及び神の意志にどれだけ素直であるか、これに応じて目的達成の時期は違ってくる。子供の場合も、わがままで怠惰な子より、素直な子の方が進歩が早いのではないか」

〔一一八〕　霊が退歩するということがありますか。

「ない。霊は進歩の度合いに応じて、何が自分の進歩を阻害しているかを悟るものである。何か一つの試練を経過すると、その教訓を学びとり、決して忘れることはないのである。あるいは一時的に低滞することはあるかもしれぬが、退歩することは決してない」

〔一一九〕　霊が目的達成のために必要な試練を、神が免除なさるということがありましょうか。

「もし、霊が初めから完全なものとして創られていたら、完成の賜ものの喜びを受けるに価いしなかったろう。奮闘なくしてそれを受ける価値がどこにあろうか。また、霊の間にある不平等は、霊の個性の開発に必要なものである。更に、それぞれの霊魂が進歩の過程で果たす使命は、宇宙の調和を確保するための、神の計画の大切な要素である」

〔一二〇〕　すべての霊が悪の道を通って、善へ到達するのですか。
「いや、悪の道ではない、無知の道を通ってである」

〔一二一〕　ある霊魂は善の道に従うのに、ある霊魂は悪の道に従う。これは何故ですか。
「霊魂はすべて自由意志をもっているではないか。神はどの一つの霊魂も悪霊として創ってはおられぬ。神は単純で無知なものとして初め創り給うた、即ち、善に対するも悪に対するも同じ態度をとるものとして。悪となった霊魂は、自らの自由意志でそうなったのである」

〔一二二〕　一番初め霊は未だ自己意識をもっていませんね、それがどうして善悪を選択する自由をもつことが出来るのですか。彼等の中に、善悪のいずれかへ誘う何か原理とか傾向があるのですか。
「自由意志は、霊が自己意識をもつに応じて現れてくるのである。もし本人の意志とは別の原因で動かされるなら、霊に自由はないと言えるだろう。彼の選択を決定させる要因は、本人の内にはなくて彼の外部に、つまり、本人の自由意志をそそのかすような影響の中にある。人類の堕落と原罪という形で言われるものは、この選択のことである。ある霊は誘惑に負けた、ある霊はこれに抵抗した」

——何処から、その人間に働きかける影響は来るのですか。

「不完全な霊から来る。彼等は人間にとりついて、これを自由にしたいと思っている。人間が負けると彼等は喜ぶ。サタン（悪魔）として諷刺的に画かれているものは、この誘惑のことである」

——この影響は、その初源の時にだけ、その影響が及ぶのですか。

「いのちある限りその影響は及ぶ、但し、彼が十分な自律心を身につけ、悪霊が憑依《ひょうい》したくても出来なくなるまで続く」

〔一二三〕　なぜ神は霊が誤った道へ走ることを許し給うのですか。

「神が霊に許し給うた選択の自由こそ、神の英知を示すものである。これによって霊は自己の行為の功罪の責を負うものとなる」

〔一二四〕　ある霊は初めから断固として正しい道を歩み、ある霊は悪の道に沈りんするとすると、この両極端の間には、多様な霊の道程があるということですか。

「そのとおり、霊には数限りない辿るべき違った道程がある」

〔一二五〕　誤った道を選ぶ霊は、終局には、他の霊と同様高い境涯に到達できますか。

「できる。但し、その道程は他のものに比し遙かに長い」

〔一二六〕　神の目よりする時、悪の道に永く沈りんして、その後向上を達成した霊は、価値がうすいとされますか。

「そのような霊も、神は、他の霊と同様に嘉《よみ》し給い愛を注ぎ給う。彼等は悪の誘惑に負けたために、ひと時、悪霊の仲間に入っていたにすぎず、その堕落以前は、他の霊と同様に、善にも悪にも中立であったのだ」

〔一二七〕　霊の知的受容力はすべて同じですか。

「霊はすべて等しく創られている。しかし自分が何処から来たか、これを知らない。何となれば、自由意志が羽ばたく必要があるからだ。彼等は徳性と同様、知性においてもおおよそ進歩を遂げる」

〔二二八〕　かの天使、大天使、天使長と呼ばれる霊は、他の霊とは違った特別のものですか。

「いや同じである。未完成から出発した霊が、進歩の最高域に到達し、あらゆる面の完全を自己一身に身につけたのである」

〔二二九〕　天使達は進歩のあらゆる過程を経てきたのですか。

「既に述べた色々の段階を彼等も通って来ている。ある天使は素直に自己の使命の道を歩いたので、速やかに今日の段階に達したが、ある天使は同じこの段階に達するのに、更に永い年月を要している」

〔二三〇〕　ある者は初めから完全で優れた者として創られたという考えが、もしも間違いなら、そういう考え方がすべての民族の伝説の中にあって然るべきと思うのですが、いかがでしょうか。

「地上世界は、永遠の昔から在ったわけではない。地上世界が始まる以前に、既に多数の霊は至高の段階に到達していた。従って、地上の者達は、これら完全な霊は初めから、その同じ段階に在ったのだと自然に思うようになったのである」

〔一三二〕　悪魔は存在しますか。

「もしも悪魔があるとすれば、それは神の製作物であろう。しかし神の立場に立つとき、永遠に呪われた悲惨なものを創造したということは正しいことだろうか。もし悪魔がいるとするなら、それは、地上の低い世界に、同様に低い他の世界に、それはあろうというもの。彼等は人間の偽善者である。彼等は公正な神を残忍で呪うべきものであると言い、神は忌むべきものとして、いい気になっている連中のことである」

六章
霊の受肉

地上誕生の目的

〔一三二〕　霊が肉体をとって誕生する目的は何ですか。

「完全に到達する手段として、神の課し給うた必要な体験である。ある霊にとっては罪亡ぼしの意味をもち、またある霊には、これをもって使命を果たすことになる。完全を達成するために、彼等は地上生活のあらゆる盛衰変化を体験せねばならぬ。罪亡ぼしのためにいろいろ経験をすることは大変有用なことである。この誕生のためにはまたもう一つの目的がある。即ち、創造の事業に役割を果たせる霊になること、これである。この目的に沿い、彼は誕生した世界の物質状況と調和した道具にふさわしいものになる。またこれを通じて、彼が神から任ぜられたその世界と結びつつ、彼固有の仕事を果たすことが出来るのである。かくて、彼は一つの歯車のごとく、自己の役割をもって貢献し、他方では自分自身の進歩向上をも達成するのである」

〔一三三〕　初めから正しい道を歩いて来た霊にも、物質界誕生が必要ですか。

「霊は、初め、すべて素朴で無知なものとして創られた。彼等は地上生活の苦難と闘争を通じて教訓を獲得するのである。苦しみなくして、努力なくして、経験から得る功罪なくして、公正なる神も、一つの霊といえど幸福ならしめることが出来ようか」

——もしそうなら、正道を歩いても、何の得にもならないということになりませんか。正道を歩いたとて、なおかつ地上に生まれ、苦しみを味わわねばならないのですから。

「そのような霊は、他よりも早く、完成の終着点に到達する。しかも、苦痛というものは、霊のもつ不完全さに起因することが多いから、従って欠点少なければ、苦痛も少なくてすむ。だから、他をねたんだり、羨んだり、欲や野心をもたぬ霊は、欠陥が少ないから、それから生じる苦痛を受けなくてすむのである」

魂（Soul）

〔一三四〕　魂とは何ですか。
「肉体をまとった霊（spirit）のことである」

――肉体と結び付く以前、魂は何だったのですか。

「霊であった」

――では、魂と霊とは全く同じものですか。

「そう、魂とは霊である。肉体をまとう以前、見えない世界に住む一個の知的存在であって、その浄化と啓発の目的のために、一時的に肉体に宿るのである」
〔一三五〕　人間には、この魂と肉体の外に、何かありますか。
「魂と肉体を結び付ける媒体がある」

――その媒体とはどのようなものですか。

「それは半物質――つまり、魂と肉体の中間的性質のもの、それ故にこそ、両者の仲介が出来るのである。この媒介を通じ、霊は物質に作用し、物質はまた霊に作用するのである。

〔注解〕　人間は三つの要素から構成されている。①肉体、これは動物と同じで、活力原理から生気を受ける。②魂、即ち肉体に宿った霊のこと。③両者の媒介物、外被。半物質で霊の外被として肉体と結び付けるもの。

〔一三六〕　魂は活力原理とは別個のものですか。

「何度も繰返すように、肉体は単に魂の外被にすぎない」

――肉体は、魂なしでも、存在できますか。

「できる。しかも魂が肉体を去るのは、肉体が生きることを止める時に限る。誕生以前は、魂と肉体の結合は完全ではない。しかし一度その結合が完全に行われると、死によらねば、両者の結合が断たれることはない。その時初めて魂は肉体を去る。魂なしでも、有機的生命は肉体に働くかもしれないが、有機的生命を奪われた肉体に、魂が入っていることは出来ない」

――もし、肉体に魂がなければ、肉体とはいったい何ですか。

「知性をもたぬ肉のかたまり。それを何と呼んでもよいが、もはや人間とは呼べない」

〔一三七〕一つの霊が、同時に、二つの肉体に宿ることが出来ますか。
「不可能である。霊とは個性であるから、同時に二つの生命体に働くことは出来ない」
〔一三八〕魂を物質生命の本源とする人々がいますが、これはどう考えたらよろしいか。
「それは定義の問題である。吾々は用語には余り重きを置かない。諸君は、正しい意味そのものに、お互いの見解の一致をみるようにすべきだ」
〔一三九〕ある通信霊達、またある哲学者達は、魂とは神から発した生命の火花、と定義しています。なぜこうした食い違いがあるのですか。
「その定義で別に食い違いはない。大切なことは言葉の含んでいる意味である。なぜ、諸君は一つの事に一つの用語を使わないのか」

〔注解〕魂という語は、いろいろな使い方がされる。多くの場合、生命原理の意味で使われている。魂は神から発した生命の火花と言うのは、これが比喩的に使われているのである。ここで言う神とは、万有生命の源、一切が死後はそこへ帰って行く、宇宙生命の本源を指している。この場合にも、物質から独立した精神、つまり個性とか人格の存在は否定されていないわけで、従って、吾々が魂とは肉体に宿った霊と言うのはこの意味である。魂の語にいろいろな定義があるのは、通信霊達が思い思いな使い方をすること、また現世でしみ込んだ観念で語ったりすること。しかしこれというのも、人間の言葉が不十分なせいである。つまりそれぞれの使い方に応じた用語がないので、これが誤解と論議の種となっている。従って高級霊の場合は、必ず、先ず吾々が使う言葉の意味を限定してから語り始める。

〔一四〇〕　ある考え方によると、魂は肉体の筋肉の各部分に小分されていて、これで肉体の各器官を支配していると言いますが、これは如何ですか。

「これもまた、魂という用語をどういう意味で使っているのか、その意味いかんによる。もし、魂とは生命を与える液状体という意味で使っているのなら、この意見は正しい。もし、魂とは肉体に宿った霊という意味でそれを使っているなら、間違いである。既述のように、霊とは個性である。それは液状体を媒介として肉体器官に働いているのであって、決して分割されるものではない」

――しかし、上記のような定義を下している通信霊がいますが。

「無知な霊は、原因と結果をとり違えるものである」

〔一四一〕　魂とは肉体の外面であって、肉体を覆っている。このような考え方がありますが、本当でしょうか。

「魂は鳥籠の小鳥のように、肉体に閉じ込められているわけではない。魂は、ガラス球から放射する光のように、楽器から鳴り響く音のように、四方へ放射し、肉体からはみ出している。この意味でなら、魂は肉体の外面と言える。しかしだからといって、肉体を包み込んでいると考えてはいけない。魂には二つの外被がある。一つは鈍重な物質の肉体、これとは別に、光る精妙な性質の媒体。魂とはこの二つの外被の中心をなすもので、恰《あたか》も果実の核のようなものである」

〔一四二〕　また次のような意見もあります。子供の魂は、此の世に生まれてからつくられていくものであると。

「霊とは一個の単位であって、子供の場合も大人と同じく、完全なものである。この一生の間に作られ成長するものは、魂の道具である肉体だけである。またもや原因と結果のとり違いをしている」

〔一四三〕　どうして通信霊達は、魂に同一の定義をしてくれないのですか。

「こういう問題について、すべての霊が同じように秀れているわけではない。一部の霊は知的にあまり進歩していないので、抽象的観念を理解するのが困難で、丁度地上の子供のようなものだ。一部の霊は誤った知識ばかりをもっており、通信を聞く人々に威張りたいがために、でたらめを得々としゃべる。地上にはこういう人間が一杯いる筈だ。また本当に進歩している霊の場合でも、その根本の意味は同じでも、表現の仕方がいろいろ違っていることもある。それは、地上の言葉では中々表現しにくい問題があり、また比喩をもってせねば分かって貰えないということもあるわけだ。従って、定義通りに受けとられては誤解を招くこともある」

〔一四四〕　世界の魂、これは何と理解したらよろしいですか。

「すべての個が生み出された、生命と知性の宇宙的原理、これである。しかし、本当の意味を知らないで、この言葉を使っている場合が甚だ多い。だいたいこの魂という言葉は、大変弾力性のある語なので、各人各様に自分の想像で解釈してしまう。ある人々はこの魂を地球に結び付けて受けとっている。つまり、諸君を正道に導く献身的な霊の集団、いわば地球支配の神の副官とうけとっている」

〔一四五〕　古代も近代も多数の哲学者達が、かくも永い間、精神に関する問題を論究してきながら、一向に真理に到達いたしませんが、いったいどういうわけですか。

「彼等は永遠の真正の霊的真理を求め、この道を準備した先駆者であった。彼等とて人間である、自己の観念と真理の光とをとり違え、間違いも犯した。しかしその間違いが、これを論ずる者達の論議を生み、結果的には真理へ導く種となっている。なおこれら誤謬の中には、多くの偉大な真理が発見できる筈である。もし、それらの呈示している諸論についての比較検討が行われるならば」

〔一四六〕　魂は肉体の特定の場所に鎮座しているものですか。

「そんなことはない。しかし、大天才とか特に頭脳を使う人の場合は、魂は頭の中に、また感情豊かで、愛の活動家の場合は、魂は心臓に、より多く住むと言えるかもしれぬ」

――魂を肉体生命を働かせる中枢に置くのだという人達がいます、これはいかがですか。

「霊はそういう箇所に特に住むと言えるかもしれぬ。というのは、全神経が集中されるのはそのような箇所だから。しかしながら、自分でここに生命力が集まっている、だからここに魂があると考える人達は、魂と活力液状体ないし活力原理を混同しているのである。そうは言うものの、魂は、知性や精神が格別に働く器官に、より多くあると、こう言えるかもしれぬ」

唯物主義

〔一四七〕　解剖学者、生理学者、及び科学研究に従事する人々は、唯物論におちいり易いのですが、どうしてですか。

「生理学者は何事も五官を基にして考える。人間の誇りにかけて、五感で万事説明できるとなし、人間の理解を超えるものがあるなどとは認めたがらない。科学は一部の人達を厚顔にする。つまり、自然は自分達から何も隠すことはできないと考えるのだ」

〔一四八〕　本当は、宇宙を支配する英知の存在を教えてくれる筈の研究なのに、唯物論が結果として出て来るのは、残念な事ではありませんか。

「まことに、科学の研究の結果が唯物論とは、科学の本意ではない。これというのも、どんな研究をしても間違った結論を引き出す、人間の不完全さのゆえである。人間というものは、どんな良いものからでも悪いものをひき出す。それだけでなく、人間は滅びるという観念は、その外見上よりも、本人達を悩ませている。だから、唯物主義を最も声高く主張する者は、勇敢と申すより高慢なのである。いわゆる唯物論者の大部分は、未来生命に何の合理的な論点ももたない、単にそれだけの人物である。前途に空虚さしか見ぬ者達に、確たる未来への合理的な信念を示してやりなさい。彼等は溺れる者の気持で真剣にそれにとりすがるであろう」

七章

地上から他界への帰幽

死後の魂

〔一四九〕　死ぬと魂はどうなりますか。

「魂は再び霊となる。即ち、しばらく留守にしていた霊の世界へ帰るのである」

〔一五〇〕　死後も、魂に個性はありますか。

「ある。魂が個性を失うということはない。個性のない魂、いったいそれは何と申すべきか」

——肉体を捨てた魂が、どのようにして個性の意識をもち続けるのですか。

「魂には依然として個有の液状体がある。これはその天体の大気から魂がひき出すもので、生前と同じ形姿を具えている、魂の媒体である」

——魂はこの地上生活から何ももって行かないのですか。

「地上生活の記憶、及びよい世界へ入りたい欲求、その外にはない。その記憶というのは、どんな地上生活を送ったか、それに応じての喜びと苦しみ。魂の浄化が進んでいる者ほど、地上に残したものに対する執着は少ない」

〔一五一〕　死後の魂は大宇宙に同化するという意見について、どう考えられますか。
「集った霊を、全体として見れば、一ではなかろうか。それは一つの宇宙ではないのか。諸君が集団にあれば、諸君はその集団の不可欠の一員であり、しかもなお個性を保持する者である」
〔一五二〕　死後の魂に個性があるという、何か証拠がありますか。
「霊界通信そのものが、その証明ではないか。盲人でなければ見える筈、耳が悪くなければ聞こえる筈。諸君が耳にする霊界通信の声こそ、諸君とは別のある者が存在する、その証拠ではなかろうか」
〔一五三〕　永遠の生命とは、どのように理解したらよろしいか。
「無限につづく霊の生活、これである。肉体生命とは一時的ではないもの。肉体を去ると魂は、永遠の生命に再び入る」

——この永遠の生命という言葉は、浄化霊の生活と解した方が、もっと正確ではありませんか。彼等は完全な段階に到達し、もはや苦しみの試練をうける必要を脱した霊だからです。

「彼等の生は、むしろ永遠の至福の生活と言った方がよい。だがこれは言葉の問題だ。好きなように言ってよろしい。もし諸君等の言葉の意味が統一できるならば」

魂と肉体との分離

〔一五四〕　肉体から魂が離脱するのは苦しいものですか。

「そうではない。死の瞬間よりも、生きている時の方が肉体の苦痛の大きいことが多い。死の時は、魂が肉体の苦痛を意識しないのが普通である」

〔一五五〕　霊肉の分離はどのように行われるのですか。

「魂をつなぎとめている絆《きずな》が切れるので、魂は肉体から放れるのである」

――その分離は瞬時に、つまり霊肉の唐突な分離という形で行われるのですか。また生死の間には、何かはっきりした境界があるものですか。

「魂は徐々に肉体から離れていく。鳥籠が開かれて急に鳥が飛び出す、そんな形ではない。霊肉は触れ合ったり互いに滲透しあったり、徐々に肉との絆《きずな》が緩みつつ霊は放れていく」

〔一五六〕　肉体生命が終らないうちに、魂が分離するということがありますか。

「肉体に断末摩の苦しみが起こらないうちに、魂が肉体を離れることが、よくある。この場合は、肉体はさながら生きた屍である。肉体の方にはもはや何の意識もない、しかし、依然としてかすかな生命の呼吸は残っている。身体に心臓だけが動いている一個の機械だ。心臓が血を循環させている限り、肉体は生きている、しかし魂はもはや何のかかわりももっていない」

〔一五七〕　臨終に際して、まさに入ろうとする世界を予感して、歓喜とか希望を感じることがありますか。

「魂が、肉体との絆が緩むのを感じ、分離作業の進行と完了を意識することがある。部分的に魂が肉体から離れると、魂は前途にひろがる未来を見、まさに入ろうとする霊的状態を、期待に充ちて眺める」

〔一五八〕　地上生活と死、死の彼方の新しい生活、それは丁度毛虫の過程が、これを暗示していると言えますか。即ち、毛虫は先ず地を這い、死んだようにさなぎとなって身を隠し、やがて蝶となって新生活の中に飛躍します。
「ごく素朴な考え方だが、それでよかろう。だが厳密に申せば、そのまま受け取るわけにもいかぬが」
〔一五九〕　魂が霊の世界に入って意識を回復した時、どんな感情をもちますか。
「それは人によって違う。悪を愛し悪を行ってきた者は、悪行の悔いで気も転倒する。正道を守った者はこれと違い、重荷から解放された気持になる。彼は過去をせんさくされても、何ら恐れるものがないからである」

〔一六〇〕　霊は、先に死んだ地上の友人達を、すぐに見出しますか。

「それは、両者の愛情関係で、早い遅いの差はあるが、見出す。その霊界への新生に際し、会いに来てくれることが多い。また物質の絆《きずな》から解放されるのを手伝ってくれることもある。また、昔知っていて永い間離れたきりになっていた人達も逢いに来てくれる。彼は肉体を去った霊達を見たり、また肉体にある地上の人達に逢いに行ったりする」

〔一六一〕老齢でも病気でもなく、事故死した場合、この場合も肉体生命の停止とともに、魂の分離が起こるのですか。

「一般にはそうである。このような場合は、その時間は非常に短い」

〔一六二〕たとえば斬首の後、多少の間意識は残っているものですか。

「肉体生命が完全に消滅するまで、少しの間は意識はある。しかし斬首の前に、死の恐怖によって意識不明になることが多い」

一時的な、死後魂の戸惑い

〔一六三〕肉体を去ると、魂は直ちに自己意識があることに気付きますか。

「いや、すぐにではない。しばらくの間、何が何だか分からない状態がつづく」

〔一六四〕　その戸惑いを、どの霊も、同じ程度に同じ時間だけ、経験するのですか。
「いやそうではない。魂の進歩の度合いによって違ってくる。既にある程度の浄化を達成している者は、殆んどすぐに意識をもつ。それは地上生活中に既に物質の束縛から脱しているからである。これに反し、現実主義的な人は、その意識がはっきりせず、長期にわたり物質の執着にとらわれたままである」
〔一六五〕　もし心霊の知識があれば、この戸惑いの期間に変化がありますか。
「その影響は多大である。もしその知識があれば、前もってこれから入る新境涯がどういうものか分かるからである。しかし何といっても大切なのは、地上生活中の誠実な生活、その成果としての明せきな意識、これである。これさえあれば、戸惑いの期間は極めて短くてすむ」

八章

人生の繰返し

再生

〔一六六〕　地上生活中に完成の域に達しなかった魂は、浄化を成し遂げることが出来ましょうか。

「新たな人生の試練を受ければ、それは出来る」

――その新しい人生とは、どのようにして経験するのですか。それは魂が霊として変化をすることですか。

「勿論、魂は浄化すれば変化する。だが、最も有効な変化は、魂が地上生活の試練を体験することである」

――では、魂は何度も地上生活を繰返すのですか。

「左様、吾等も繰返し地上生活を体験した。これを否定する者は、諸君等を、自分同様の無知にしておこうとする者である」

――魂は一つの肉体を去ると、また別の肉体に宿る、つまり魂は再生する、こう考えてよろしいですか。

「全くそのとおりである」

〔二六七〕　再生の目的は何ですか。
「罪の償い、即ち、それによる人類の進化改善。この目的なくして、再生に正義はない」

〔二六八〕　再生の回数に限度がありますか。それとも永久に再生を繰返すのですか。
「新しく生まれ変わる度に、霊は一歩ずつ進歩する。こうして一切の汚れから脱却した時、もはや再生の必要はなくなる」

〔二六九〕　再生の回数は、どの霊でも同じですか。
「同じではない。進歩の早い霊は、余り多くの試練をうけずにすむ。しかしそれにも拘らず、再生の回数は相当な数になる。何となれば、進歩の道程は無限に遠いから」

〔二七〇〕　最後の再生を終えた霊はどうなるのですか。
「清浄霊となり、完全な至福の状態に入る」

再生の正義

〔一七一〕　再生の論拠とは、いかようなものでしょうか。

「神の正義、また黙示である。何となれば、前にも申したことがあるが、愛深い父は過ちを犯した子等のために、後悔の門を開いておかれるものだから。自己を改善しなかった者には、永久に幸福の道を閉ざすということは、正義に反すると思われぬか。すべての人が神の子ではないのか。不正義と、執ような憎しみと、許されぬ刑罰があるとすれば、それは利己的な人間どもの中だけである」

別の天体への再生

〔一七二〕　私共の再生は、この地球上で繰返し行われるのですか。

「いや、すべて地球上とは限らない。多くの天体で再生が行われる。現在諸君が生きているこの地球は、諸君にとって、最初の地上生活でもないし、また最後でもない。しかし、最も物質的な生活の中の一つであり、完全からは最も遠いものである」

〔一七三〕　再生は次々と別の天体へ移りながら行われるのですか。それとも、同じ天体で何回か再生して次の天体へ移るのですか。

「現在より高級の天体へ行けるだけの進歩をしない場合は、同じ天体で数多く再生を繰返すことになる」

――では、私共は何度もこれから地球に生まれ変わるわけですか。

「そのとおり」

――私共が、今後別の天体で生活した後、再び地球に生まれ変わることも出来ますか。

「それは可能である。これまでも諸君は、別の天体の生活を経てきているかもしれない」

〔一七四〕　そのように、二度地球に戻って再生することは必要なことですか。

「いやそんなことはない。しかし、もし諸君が進歩しなければ、地球より良くない、あるいはずっと劣った天体に行くことになるかもしれない」

〔一七五〕　そのような二度の地球生活には、何か得るところがありますか。
「特殊の使命がある場合は別として、特に利益はない。使命がある場合は、生まれる所が地球であれ、他の天体であれ、霊は進歩する」

――むしろ再生せず、霊として生きる方が幸福なのではありませんか。

「いや、断じて違う。再生すべきだ。吾々は神へ向かって限りなく進みたいと思うからだ」
〔一七六〕　別の天体で生活した者が、初めて地球に再生することが出来ますか。
「できる。諸君が他の天体へ再生するのと同じことだ。宇宙のすべての天体は、固い絆《きずな》で結ばれている」

――現在地球で生活している者のうち、初めて地球へ再生して来ている者もありますか。

「大部分がそうだ。種々の進歩の段階の者が含まれている」

――初めて地球へ来ている霊を見分ける、何かしるしがありますか。

「そんなことは、諸君にとり余り用のないことだ」

〔一七七〕　完全と至福に到達するには、宇宙のすべての天体で生活を体験する必要があるのですか。

「そんな必要はない。同程度の天体が沢山あるから、それらへ移ったとて目新しい体験をすることにならないから」

――では、同じ天体に何度も再生するというのは、何故ですか。

「再生する度に、違った境遇に生まれる。そのことで本人は新しい体験を重ねることになるのだ」

〔一七八〕　以前住んでいた天体より低次の天体に入って、霊は肉体をとって生存できますか。

「できる。進化の手助けをする使命がある場合には可能である。この場合、彼等は喜んで、その下降生活の十字架を負う。このおかげで彼等は進歩の機会を得ることになるからだ」

――この下降生活が贖罪《しょくざい》のために行われることはありませんか。また、手に負えぬ霊が神によって送られるということはありませんか。

「彼等はそのままとどまる、だが退歩するわけではない。手に負えぬ霊達は進歩しないということで罰せられる。また、本人の性情に適した状況下で、同じ間違った人生を再開せねばならぬことでも罰せられる」

――その同じ人生を再開させられるのは、どういう霊達ですか。

「自己の使命を全うしなかった者。あるいは、受けるべき試練に耐え得なかった者達」

〔一七九〕特定の天体に生存している人類は、皆同じ発展段階にあるわけですか。

「いや、それは地球の人類の場合と同じだ、進歩している者もあれば、未発達の者もある」

〔一八〇〕地球から別の天体へと再生する場合、霊は地球で獲得した知性を具えたままで行くのですか。

「そのとおりだ。一度獲得した知性は失われることはない。だが、知性を発揮する方法は同じではないかもしれぬ。というのは、進歩の程度と新しく身につける肉体の質によって、発揮の方法が違ってくるからである」

〔一八一〕　他の天体に住んでいる人類も、私共のような肉体をもっているのですか。

「それは必ずもっている。霊魂が物質に働きかけるには肉体が必要だからだ。だが、肉体は霊の浄化の程度に応じて、濃厚であったり精妙であったりする違いはある。また行くべき天体を決定するのもこの浄化の程度である。吾等が父なる神の家には、多くの宿あり、この宿には多くの段階があるのだ。地上にありつつこの事を知り、この事実に気付いている者達がいる、また全くこの洞察をもたぬ者達もいる」

〔一八二〕　他の天体の物理的・精神的状況につき、何か正確な知識を私共はもつことが出来ますか。

「われわれ霊は、諸君の到達した発達程度に応じて、答えを与えるのみ。吾々はその秘密を万人に示してはいけないのだ。何となれば、それを洩らしても理解できない発達程度の人々がいて、彼等はそれを知ると混乱におちいるからだ」

〔一八三〕　別の天体へ再生する場合は、霊は赤ん坊となって生まれるのですか。
「どこの天体でも、赤ん坊となって生まれる必要がある。だが、どこの天体でも、地上の赤ん坊のように愚かであるとは限らない」
〔一八四〕　霊は、次に再生する天体を、自分で選ぶことが出来ますか。
「必ずしもそうは出来ない。しかし、彼は希望することが出来るし、その希望はかなえられるかもしれない。ただそれは本人がそれにふさわしい時に限る。実は、霊の発達に見合った天体なら、いつでも行けるようになっている」

——もし霊が希望をもっていない場合は、何によって再生する天体が決められるのですか。

「霊の発達の程度によって決められる」
〔一八五〕　どの天体の居住者も、肉体的・精神的状態は、皆同じようなものですか。
「いや違う。つまり天体というものは、そこの居住者と同じように、進歩の法に従っている。どの天体も、諸君の地球のように、低い段階から出発している。従って、地球も他の天体が経過したように、変化を遂げることになろう。やがて人類が善良となった暁は、地球は地上天国と化すだろう」

〔注解〕　現在地上に生存する民族は漸次消滅し、もっと完全な民族が出現することになろう、丁度現在の民族が、先住の劣等な民族の後をうけたように、新しい民族が、吾々現存民族に続いて出てくる。

〔一八六〕　物質的生活をすべて終り、稀薄な媒体以外に何もつけていない霊ばかりが住んでいる天体がありますか。

「ある。その媒体は極めて稀薄なので、諸君から見ると、何も着けていないようだ。これこそ完全浄化の霊達の状態だ」

――すると、これら霊の媒体と、霊そのものとの間には、はっきりした区別はないということですか。

「区別というものは存在しない。両者の差は漸次減少し、恰も、夜の闇が黎明《れいめい》の中に融け込んでいるように、両者は互いに入り交っている」

〔一八七〕　霊の媒体の素材は、どの天体でも同じですか。
「いや、天体により精妙さに差がある。別の天体へ変わる時、霊はその天体に固有の物質を身にまとう。即ち、その外被の波長を変える」
〔一八八〕　肉体をもたない霊は、特殊な天体に居住するのですか。それとも、天体から離れた宇宙空間に居住するのですか。
「彼等はいずれかの天体に居住している。しかし、それは人間が地上に縛られているように、その天体に縛り付けられているわけではない。彼等は自在に移動する力を所有している。この点、彼等は何処にでも在ると言うことが出来る」
〔注解〕　霊の伝えるところによると、地球は、その居住者の肉体的・精神的資質の点では、この太陽系の惑星の中でも、最低のものの一つであると。火星は、ある点では、地球の人類よりも低い。木星は、あらゆる点で、地球人よりはるかに優れている。太陽は肉体をもつ者の住む世界ではないが、高級霊達の集まる場である。これら高級霊は其処から、太陽系の各天体へ向け、その思想を放射している。彼等はこれら諸天体を低位の霊の媒介を通じて支配している。彼等は宇宙液状体を媒介物として、彼等の作用をそれら低位の霊へ向けて送達するという方式をとっている。物理的な点では、太陽は霊気の中枢のようである。この点、他の太陽も、その本質や機能は、吾が太陽と同様に思われる。

天体の大きさ、太陽からの距離は、その天体の進歩程度とは必ずしも関係はない。即ち、金星は地球よりも進歩しており、土星は木星よりは進歩していない。

地球上の著名な人物の多数は、完全に最も近い天体の一つである木星に、再生すると言われる。更に驚いたことだが、地上では有名でなかった人達が、進歩した天体に再生が許されているということである。しかし、次のことを思う時、これは驚くには当たらない。第一に、吾々の目には目立った地位にはなかったが、ある使命を帯びて地上に遣わされていた霊達がいたということ。第二に、進歩によって、地球と木星の中間くらいの生活を送っていたであろう霊がいたということ。第三に、木星にも地球同様に、多数の進歩の段階があり、地上の奴隷と教養人の差のような差が、木星にあるかもしれないということ。哲学者と同じ町に住むから、無学な人が哲学者と同レベルにあるとは言えないように、霊が木星に住んでいるから、木星の最高級の人物と同レベルということはあり得ない。

進みゆく輪廻

〔一八九〕　霊はその形成の初期において、自己のすべての能力を具えていますか。

「いや、霊にも人間同様に幼年期がある。その初期は、霊は本能的な生活をするのであって、自分や自分の行為については殆んど意識をもっていない。知性は徐々にしか発展しない」

〔一九〇〕　霊が初めて肉体をとった時の状態はどうですか。

「人間の幼児に似た状態である。知性がやっと芽を吹きはじめたところで、生きることを試みているという状態だ」

〔一九一〕　野蛮人の魂は、幼児期の魂ですか。

「どっちかというとそうだ。だが、彼等は情緒をもっているから、相当程度進歩した魂ではある」

——では、情緒は進歩のしるしですか。

「進歩のしるしである。しかし、完全のしるしではない。それは活動のしるし、また「我」を意識しているしるしである。反対に、魂が初期の段階では、知性も活力も種子《たね》としてあるだけである」

〔一九二〕もし、吾々が現在この世で完全な生活を送ったとすれば、途中の段階をとび越して、清浄霊の状態に到達することは可能ですか。

「それは出来ない。人間が完全と考えるものは、完全から未だ遙かに遠い。人間にはかり知れないものが存在する、現在の人間が背伸びをしても無理なあるものが。かりに、人間が地上の尺度で完全としても、真の絶対の完全からみれば、まだ遙かに遠い。それは丁度、早熟な子供のようなもので、早熟とはいえ、やはり大人になるためには、青年期を経過せねばならない。また完全な健康になるために、回復期を通らねばならない病人に似ている。しかもなお、霊は道徳性と同様に知識の点でも進歩せねばならない。かりにその一方だけ進歩しているとすれば、完全の頂上に達するためには、他の半面でも等しく進歩の要がある。しかしながら、次の事だけは確かである、即ち、人が現在の生で進歩するなら、次の生存で受ける試練の時間は短かくなり、またその苦痛も少なくなるということである」

〔一九三〕次の人生で、既に彼が到達している点よりも、低い点に下がることがありますか。

「社会的地位のような意味でなら可能だが、霊としての進歩の程度という意味でなら不可能である」

〔一九四〕善人の魂が、次の人生で、無頼漢となることがありますか。

「ない、霊魂が退歩することはないからだ」

——悪人の魂が善人の魂に変わることがありますか。

「もし、悔悟しているなら、あり得る。その場合、彼の次の人生は、改善の努力のたまものとしての人生である」

〔一九五〕将来の再生によって自己改善することが確実なら、この事を知った者の中に、それをあてにして現在は怠けていようとする者も、出てくるのではありませんか。

「そういう考え方をする者は、何事においても、心からの信をもたない者である。そういう者は、永遠の刑罰という観念をもってしても、抑制することは出来ない。だいたいこの観念は信じがたいものであるとしても、彼はその観念すら受け付けようとせぬだろう。事実、不完全な霊は、現世の間に、人生を真面目に考えてみることをしない。しかし、いったん死を経過すると違ってくる。即ち、間もなく自分が大間違いをしていたことに気付く。そして今度再生したら、反対の気持でやってみようと思うものだろう。進歩はこうして達成される。地上生活で、抜群の進歩を遂げる人があるが、それは他の者が未だ身につけていない経験を所持しているということである。他の者も次第にそれを身につけていく。迅速な進歩を遂げるか、いつまでもぐじぐじしているか、それは個々の霊いかんによる」

〔一九六〕　地上生活の苦労を経験して、初めて霊は改善されていくものですから、地上生活とは笊《ざる》や篩《ふるい》のようなもので、霊界の霊達は完全に達するために、この篩《ふるい》をどうしても通らねばならない、こういうわけですか。

「そのとおりである。彼等は地上生活の試練の中で、悪をさけ善を行うことによって、自己を改善する。しかし、それには再生とそれにつづく浄化を次々と数多く重ね、その努力に応じて長くもなりまたは短くもなる、数多の時間を重ねつつ、その目指すゴールに到達するのである」

――自己改善に当たり、霊に影響を与えるのは肉体ですか、それとも、霊が肉体に影響を与えるのですか。

「諸君の霊こそはすべてである。肉体は朽ちるべき着物、それ以上の何ものでもない」

死後の子供の運命

〔一九七〕幼児のままで死ぬ子供の霊は、大人の霊ほどに進歩していますか。

「時には、大人よりずっと進歩していることがある。つまり、その子供は前生ではもっと長生きし、多くの経験を既に重ねていたかもしれぬから。それが相当な進歩を遂げていた霊の場合は、特にそうである」

――では、子供の霊が父親の霊よりも進歩しているかもしれないのですか。

「そういうことはしばしばある。諸君もそういう実例を数多く見るのではないか」

〔一九八〕　幼児期に、しかも何も悪いことをすることなしに死んだ子供の場合、その魂は霊の段階の中で、高い段階に属しますか。

「何も悪いことをしなかったということは、何も善いこともなさなかったということだ。神は受けるべき試練を免れさせ給うことはない。もしそういう霊が高い段階に属するなら、それは彼が子供であったからでなく、それ以前の諸人生で進歩を遂げていて、その高い段階に達していたからである」

〔一九九〕　子供のままで死ぬことが多いが、それは何故ですか。

「子供のその短い人生は、本人にとっては、前生で予定されていた寿命が中断されたための補いかもしれない。また両親にとっては、子供の死は試練であり、または罪の償いであることが多い」

――幼児期に死んだ子供の霊はどうなりますか。

「彼は新しい人生を再び始める」

霊の性

〔二〇〇〕　霊にもセックスがありますか。

「諸君の考えるような性はない。定義どおりのセックスは地上の肉体にあってのものだ。愛と共感は霊にもあるが、それは似た者同志の気持の上に成立するものだ」

〔二〇一〕　前生で男性の肉体に宿っていた霊が、次には女性の肉体に宿ることが出来ますか。またこれと反対の場合も。

「出来る。同じ霊が男性に宿ったり、女性に宿ったりする」

〔二〇二〕　霊は霊界にいる間に、次は男女どちらに生まれるかを選択するのですか。

「それは霊が決めるのではない。次の人生で本人がうけねばならない試練の見地から、決定される問題である」

家族関係——子孫

〔三〇三〕　両親は子供に、自分の魂の一部を譲り渡すのですか。それとも肉体を与えるだけで、魂は全然別個のものですか。

「両親が子供に与えるのは肉体だけである。魂は分割できないものだから。従って、愚かな親に賢い子が出来たり、この反対のこともある」

〔三〇四〕　私達は多くの前生を経てきたのだから、私共の身内は現世を越えて彼方にまで続いているわけですか。

「それは勿論だ。多くの地上生活を続けた結果、前からつながる多数の身内が霊の中にいる。諸君は初めて逢った人に、共感や反感を覚えるだろう。それは過去からのそういう関係によって起きることが甚だ多い」

〔三〇五〕　再生の教えを聞きますと、前生に思いを馳せ、現在の家族との結び付きを軽視する気持になります。

「再生の教えは、結び付きの範囲を拡げこそすれ、これを壊すものではない。いやむしろ、現在の身内関係は、過去の愛情がもとになってつくられていることを確信する時、家族の結び付きは、いよいよ固くなるものだ。それは身内の親愛の義務をのっぴきならぬものとさえする。何となれば、諸君の近隣、あるいは使用人、これはあるいは、前生で親族関係とか、愛情とかの強い絆《きずな》で諸君と結ばれていた霊が再生しているのかもしれない」

――しかしながら再生の教えは、祖先尊重の念を減ずるとも言えます。と申しますのは、私の父親は、かつて異民族であり、あるいは別の社会階級の人の霊であったかもしれませんから。

「それは事実だ。だが祖先尊重の念は、一般に誇らしさの上につくられている。即ち、一般の人達が祖先に誇りをもつのは、その地位であり肩書であり財産によってである。多くの人は、自分の祖父に正直な靴屋があればこれを恥じ、堕落した貴族でもあれば、自分はその子孫だと鼻にかける。しかし人が何と言いまた何をなそうと、神慮による摂理の進行を変えることは出来ぬ。神は人間のむなしい虚栄をおもんばかって、大自然の法を定め給うたのではないから」

〔三〇六〕　同一家系の子孫として次々生まれてきても、霊的な子孫関係がないとしたら、祖先の名誉を誇りにしても、それは馬鹿げたことですかね。
「いや、それは違う。人は、優れた霊が生まれたことのある家系に属することを喜ぶべきである。霊から霊が生まれたわけではないが、血族として結ばれている者への愛情は、切っても切れない真実なものである。何となれば、前生で抱いた愛情や、前生で結ばれた親族関係の愛著《あいじゃく》によって、同じ血族として、何度も生まれてくるのであるから。しかしだからといって、祖先の霊は、子孫が祖先の功績を自慢げに誇っても、決して喜びはしないということは、諸君にも分かるだろう。祖先の功績はそれがどんなに偉大であっても、子孫がその模範に従おうと奮起しなければ何にもならぬ。結局、祖先の誇るべき功績も、子孫にふさわしく且つ有用となるのは、子孫が祖先に負けまいと励むことによってのみである」
〔三〇七〕　子供の身体つきは両親に似てることが多いですが、精神もやはり親から受け継ぐものですか。

「いや、受け継がない。親と子では魂が、つまり霊が違うから。肉体は肉体から生まれるが、霊は他の霊から生まれるものではない。血族の間には、同じ血族であるということ以外には、何の関係もない」

――だが親子の間で、精神性が似ていることが多いけど、これは何故ですか。

「それは同気相ひく力による。これにより同じような情緒や傾向をもった霊魂が集まってくるわけだ」

〔二〇八〕　親の霊が生まれた子供の霊に、影響を与えることはないのですか。

「それはたいへん大きな影響を与える。既に述べたように、霊はお互いの進歩に資するように創られている。親は子供を鍛えて、その魂を開発するように使命が課せられている。これは親たるものの仕事だから、これがやれないようでは、親として何の資格もない」

〔二〇九〕　善良で道徳的な両親に、ひねくれた性悪の子供が生まれることがよくありますが、これはどうしたのですか。言い換えれば、善良な両親なら、同気相ひくことによって、善良な子供をつくりそうな筈なのに、必ずしもそうではないということです。

「邪悪な霊は、良い両親のもとに生まれて、自己を改善したいという希望から、それを願うということだ。神もまた、そういう親の愛と保護によって、良くなっていくようにと、道徳的な人々の保護下にそういう霊を置かれることがよくある」

〔三一〇〕親は、意志や祈りによって、立派な子供の霊が宿るようにすることが出来ますか。

「出来ない。しかし、両親は産んだ子供の霊を改善することは出来る。親はその目的のために子供を委託されている。これは親の義務である。しかし他方では、親自身の改善のための試練として、悪い子供が与えられることもしばしばある」

〔三一一〕兄弟、特に双生児の場合は、性格が似ていることが多いが、これは何故ですか。

「彼等のもっている心情の類似性がお互いを引き付け合うのだ。しかも、彼等は一緒になって幸福なのである」

〔三一二〕　兄弟で、身体が接着しており、内臓の一部も共有している子供達がいます。あれは二つの霊、つまり二つの魂なのですか。

「二つの霊だ。ただ二人はよく似ているので、一つの霊のように思えるものだ」

〔三一三〕　双生児は二つの霊が共感によって生まれたとすれば、この双子が時には憎みあったりしますが、あれはどうしたことですか。

「共感をもった霊同士が双子となるとは限らない。悪い霊達が双子となり、地上を舞台として闘争しようと望んで、生まれてきたのかもしれない」

〔三一四〕　母の胎内で争う子供達の物語がありますが。

「あれは、憎み合う者の宿縁の深さを示す比喩である」

〔三一五〕　各国民は、それぞれ国民性が違っていますが、その原因は何ですか。

「霊はその性向の類似性をもって、別々の家族集団をつくる。各民族は共感をもった霊達が集まってつくった一大家族である。各国民性の特徴は、そこに集まった多数の家族の成員達のもつ性向である。善良で慈愛深い霊魂が、野蛮未開な民族の中に生まれたいと願うだろうか。そんなことはない。霊は個人と共感すると同様に、人間集団とも共感する。従って、霊は最も自分と一致できる国民のところへ行く」

〔三一六〕　霊は新しい人生で、前生の精神や性格の特徴を残していますか。

「残している。但し、本人が進歩すればそれは変わる。次の人生では社会的地位も大きく変わる。前生で主人であった者が、次生では奴隷となり、その趣味も一変する。だから、それを同一人と識別することは難しい。何度生まれ変わっても、本人は本人、だからそこには何らかの人格の同一性がある。しかしそれにも拘らず、次々の再生ごとに境遇も習慣も違うために、その現れは変化する。そしてついに、漸次功を奏する改善を通じて、その人格は全く変化する。高慢で残忍だった者も、ざんげと努力で謙虚で慈悲深くなる」

〔三一七〕　人は新しい人生で、前生の身体の特徴を残していますか。

「肉体は滅びる。新しい肉体と古い肉体との間に何のつながりもない。しかしながら、霊は肉体に反映する。即ち、肉体は物質にすぎないが、なお霊の器に従う。霊は肉体に自分の個性を印する。一番目立つのは顔であるが、その中でも特に目に現れる。目は魂の鏡である。即ち、顔は肉体のどの部分より、きわだって魂を反映している。だから大変みにくい顔でも、善良で賢明で慈愛深い霊の肉体となると、気持の良い感じとなる。反対にどんなに美人の顔でも、不快な感じを起こさせたり、反感さえも起こさせたりする。ちょっと見た目には立派な身体の人は、善人の霊の肉体のように見えるかもしれぬが、なお諸君は毎日、まずい肉体をもった道徳的で秀れた人達を見ているのである。それ故、前生と今生の肉体が格別似ていなくても、好みや傾向の類似性によって、親近性とでも申すようなものが、一つの霊が次々と受肉する肉体には及ぶのである」

生得の観念

〔三一八〕　再生した時、霊は前生の感じとか知識の痕跡を、残しているものですか。

「かすかな記憶、いわゆる生得の観念というものがある」

――生得の観念という見解は、妄想ではありませんか。

「いや違う。それぞれの人生で獲得した知識は失われるものではない。肉体は消えても、霊は学びとったものを記憶している。再生すると、部分的にはまた一時的には忘れもするが、一度知った一切は直覚となり、本人の進歩を助けるものだ。もし過去の知識が直覚として残らなければ、彼はいつも、新しく同じ事を繰り返さねばならなくなる。霊は次に再生すると、前生に近い所、即ち彼が既に到達していた次の点から出発する」

〔二一九〕　そうしますと、前生と次生との間には、きわめて密接な結び付きがある筈ですね。

「その結び付きというのは、諸君が想像する程、密接なものではない。何となれば、二つの人生の境遇や状況は、しばしば非常に違ったものであり、また、その間（霊界の生活で）、霊は相当な進歩を遂げているかもしれないからである」

〔二二〇〕　前もって勉強もしないのに、直感的にある特殊な知識、たとえば語学とか数学とかの知識を、もっているような人々の異常な能力の原因は何ですか。

「前生のほのかな記憶によるのである。即ち、魂が以前になし遂げた進歩の結果である。但し、本人はそんなものを自分が今もっている意識は一向にないのだが。この直覚は何から出てくるのか。肉体は変わる、しかし、霊は不変である。その外被を変えても」

〔三二二〕　再生して新しい肉体をとる時、ある種の知的能力を失いますか。たとえば芸術的な趣味のようなものを。
「もし、その能力を汚すようなことをしたり、悪用していたならば、それを失う。更に、知的能力は一生の間、眠ったままになっていることもある。その場合は、霊がその眠っている能力とは無関係の別の能力を働かせようと欲するからである。しかし、次の新しい人生では、眠っていた能力も目を覚まして働くことになろう」

〔三二三〕　神は存在するという直覚や、死後の生存の予感は、潜在する前生の記憶から出るのですか。

「そうだ。生まれる前、霊として知っていた知識が、潜在的な記憶として残っていて、これから発している。しかし高慢な人は、この感じを押し殺してしまう」

——神霊主義的な考え方や信念も、やはり同じ記憶から発しているのですか。

「このような考え方は、世界とともに古く、世界のどこに行ってもある。即ち神はいずこにも在りいつの時代にも在り給うからである。霊は肉体をまとって後も、霊であった時の直覚があり、従って目に見えない世界に、本能的な意識をもっている。だがこの直覚は偏見によってしばしば歪められたり、無知から出た迷信を混入して、堕落したものとなることが多い」

九章
霊の生活

他界にある霊

〔二二三〕　肉体を去った霊はすぐ再生するのですか。
「すぐ再生するものもあるが、多くは大なり小なり一定の期間をおいて後再生する。高級の天体では、一般に再生がすぐ行われる。高級天体の物質は低次の天体の物質に比しずっと精妙だから、そこで肉体をもって生活していても、霊的能力はだいたい維持している。彼等の常態は諸君等の高度な神憑状態にある」

〔二二四〕　再生までの間、魂はどうなっていますか。
「彼等は新しい運命に憧れて、遍歴する霊となる。それは待つ者、期待している者という状況である」

——その期間はどのくらい続きますか。
「それは数時間から数千年まで。厳密に言うと、その期間には一定の制限というものはなく、場合によっては、永い間延長されることもある。しかし永久ということはない。晩かれ早かれ、霊は前生の浄化に最も効果的な次の新生を始めることが出来る」

——この遍歴継続期間は、霊の意志に基づくのですか。それとも、罪滅ぼしとして課されるのですか。

「これは霊の自由意志の結果である。霊は十分な分別をもって行動する。しかし、場合によって期間が長いのは、神により課せられる罰である。それ以外の場合は、自由意志により自ら延長しているのであって、この期間中、霊のままで出来る限りの有効な修業をするためである」

〔二二五〕　すると遍歴するのは、霊に未熟な点があるしるしですか。

「いや、遍歴する霊にはいろいろな段階の霊がいる。前にも述べたが肉体をとる方が過渡的な状態で、霊の本来の姿とは、物質から離れている状況の方である」

〔二二六〕　肉体をまとっていない霊は、すべて遍歴していると言うことは正しいのですか。

「そうだ、再生しなければならない霊の場合は、そのとおりである。但し、完全に達した清浄霊の場合は遍歴しない。彼等はそれで最終の状態である」

〔注解〕 霊にはそれぞれの資質というものがあって、順次たどる進化の過程により、段階が存在する。それを状態の上から見ると、次の三種である。①受肉霊、即ち、肉体をまとっている霊。②遍歴霊、肉体をまとわず、進歩のために次の再生を待っている霊。③清浄霊、即ち、完全に到達し、もはや再生を必要としない霊。

〔三三七〕 遍歴霊はどのようにして学習をしますか。それは人間とはやり方が違うでしょうね。

「彼等は自己の過去を検討して、更に進歩への道を探る。眼前に展開する諸事象を観察する。優れた人の話や上級の霊の助言に耳を傾ける。こうして新しい観念を獲得する」

〔三三八〕 霊にも人間的な友情がありますか。

「高級霊は、肉体を去る時、人間のもつ悪い感情の面を捨て去り、善い愛のみを残している。だが未熟な霊は、地上的な欠陥をいろいろ残している。そうでなければ高級霊ということになろう」
〔三二九〕　地上を去る時、霊が悪い感情を捨ててしまわないのは何故ですか。彼等は、悪い感情が不幸を生むことを、その時には分かる筈ですから。
「人間の中には、例えば、極度に嫉妬深い人達がいる。諸君はこういう人々が、死とともに、たちまちその欠点を失うと思うか。地上を去って後、霊には、特に感情的な霊の場合には、過去の悪感情を保持する一種の雰囲気が残る。つまり、彼等は完全に物質の影響から離れたわけではないのだから。彼等は、これから先自分が辿るべき、真理の道の閃きを感じることは滅多にない」

〔三三〇〕　遍歴の状況下にあって、霊は進歩しますか。

「改善の努力その熱意に比例して、大きな進歩を遂げる。但し、ここで獲得した観念を実践に移すのは、地上世界においてである」
〔三三一〕　遍歴霊というのは、幸福ですかそれとも不幸ですか。
「それは本人次第である。感情的なものが多ければ苦しみ多く、物質的なものから離れていれば、それに応じて幸福を感じる。遍歴の状況下で、霊はどうしたら幸福になれるかと、自分に欠けているものを身につけたいと熱望する。しかし、再生したいと望んでも必ずしも直ぐ出来るわけではないので、遍歴の状態が永びくことその事が、彼等の罰となる」

〔二三二〕　遍歴霊は、どんな天体にでも入ることが出来るのですか。

「それは本人の進歩の程度いかんによる。霊は肉体を去った時、必ずしも物質と無関係になったわけではなくて、今まで住んでいた天体、ないしはそれと同程度の天体に所属しているわけである。もし地上生活で、もっと高い世界の段階にまで進歩していなければである。このような進歩こそ、あらゆる霊の不変の目的である。それなしでは、完全に到達することは不可能だから。しかしながら、より高級の天体に霊が入ってみることもある。だがこの場合には、彼にその天体は未だ肌に合わないように感じられる。彼はいわば、未だその天体がほんののぞき見が出来る程度なのである。だがこれによって、彼の改善と進歩への熱意はしばしば進められ、これによって、彼は現在の遍歴の時代を有効に過ごし、やがてはその天体に住めるようになるのである」

〔三三三〕　既に浄化している霊が、低い段階の天体へ行くことがありますか。

「その天体の進歩を助けるために、頻繁に彼等は行く。もしそれがなければ、これらの天体に指導者もないままに、低い段階に止まったままになるだろう」

過渡的な世界

〔三三四〕　今までの話によって、遍歴霊がとどまったり休んだりする世界というものが存在しますか。

「ある。これらの霊を受け入れるのに適しており、彼等が一時的に住む世界というのがある。つまり、これらの霊が暫時休む逗留《とうりゅう》場、長い遍歴の後の休息場——それはある意味では退屈な状態だが、そのような場がある。これらの世界は、各段階の世界の中間境であって、やがてそれぞれの世界へ入ることになっている霊の質に応じて区別されている。だから自己に応じたその場へ入ると、彼等は快適な休息感を感じるのである」

――そこに住む霊は、意のままに其処を離れることが出来ますか。

「できる。彼等がやがて行かねばならぬ何処へでも、ここを去って行くことが出来る。彼等は恰も渡り鳥、休息のため島に降り、元気を回復して目的地へと向かう」

〔二三五〕　霊がその過渡的世界に滞在中、進歩をしますか。

「進歩する。こうして集まった彼等は、教訓を胸に叩き込み、より早く高い所へ行けるように更には最終目的である完全へ向かうために、進歩する」

〔二三六〕　この過渡的世界は、特別の性質をもっていて、永久に遍歴霊の滞在の場ときめられているのですか。

「いや、世界体系の中で占めるこれらの世界の位置は、一時的なものにすぎない」

――そこには地上的な生物も住んでいますか。

「いや、その表面は不毛であって、そこに住むものは、地上的欲求は何一つもっていない」

――その不毛というのは永久にそうなのですか。また、その世界の特質のためにそうなっているのですか。

「そんなことはない。不毛は一時的なことにすぎない」

――では、そういう世界なら、自然の美などはないと考えられますが。

「その美は、地上の自然の美に勝るとも劣らぬ美しさである。これまことに無尽の創造の妙と申すべきか」

――その世界が単に一時的のものとすれば、吾が地球も、いつかはそういう状態になるのですか。

「地球はかつてその状態であったことがある」

――それは何時のことですか。

「生成の途中において」

霊の知覚、情緒、苦しみ

〔二三七〕　魂が霊の世界に帰って来ても、地上生活中にもっていた感覚をまだもっていますか。

「もっている。それだけでなく、地上で持っていなかったものまでも持っている。何故かというと、地上時代には肉体があって、ヴェールのように色々なものを隠していたのだから。知性は霊の一つの属性であって、肉の目隠しがはずされると、一層自由に発揮される」

〔二三八〕　霊の知覚や知識は無限ですか。つまり、霊は何でも知っていますか。

「霊は完全に近付くほどに、多くのことを知る。高級の霊は広い知識をもっているが、低次の霊は何事も知識が乏しい」

〔二三九〕　霊は事物の第一原理を理解しておりますか。

「それは霊の進歩と浄化の程度による。低位の霊は人間ほどにも分かっていない」

〔三四〇〕　霊には、人間のように時間の観念がありますか。

「ない。諸君は何でも月日や時代で物事を考えるが、それでは我々霊のことは一向に分からない」

〔三四一〕　霊は、私共以上に、現在についての正確な視野をもつものですか。

「それは人間と比べれば、まさに目明きと盲人の違いがある。霊には諸君に見えないものも見える。従って諸君とは違った判断をする。だが、これも霊の浄化程度によって違うことを、覚えていて貰いたい」

〔三四二〕　霊はどのようにして過去のことを知るのですか。また、霊は無限に過去を知ることが出来ますか。

「我等は過去にちょっと目を向けさえすれば、恰も現在の出来事のように、それを知ることが出来る。丁度諸君が過去の強い印象的な事を思い出す具合いに、正確に知ることが出来る。ただ違うところは、人間のように肉体で、もはや目を曇らされることがないから、人間の記憶からは隠れて分からないことでも思い出す。しかし、霊なら何でも知っているわけではない。例えば、我々はどのようにして創造されたか、こんなことは分からない」

〔三四三〕　霊は未来を予知しますか。

「これもやはり霊の進歩いかんによる問題である。霊は部分的になら頻繁《ひんぱん》に未来を予知している。但し、はっきり未来を予知しても、これを洩らすことは必ずしも許されていない。霊が未来を見るのは、まるで現在の事のようにそれを見るのである。霊は神に近付くに応じてはっきり未来を予知できる。死後、魂は自己の過去のすべてを、一望のもとに見、これを会得する。だが、神の胸三寸の中にある自己の未来を、見ることは出来ない。このような予知は、唯、永い過去を経て神と完全に一つになっている霊にとってのみ可能なことである」

――絶対の完全に到達した霊は、完全な未来の知識をもつのですか。

「完全という語はふさわしくない。神のみが一切の主である故、何ものも神と全く等しくなることは出来ないのだから」

〔二四四〕　霊は神を見ますか。

「最高級の霊のみが神を見、神を知る。低い段階の霊は神を感じ、神を察知する」

——低い段階の霊達は、自分はこれこれの事を神に許されているとか、これは禁じられているとか言いますが、そういう決まりを神がしているということを、彼はどのようにして知るのですか。

「彼は神を見ないが、神を感じている。そこで、これはしてはいけないとか、言ってはいけないとか言う時は、直覚や目に見えぬ警告で感じるわけだ。それは諸君も、為すべしとか為すべきでないとか、心の奥に感じをもつことがあるのではないか。それは我々とて同じ事だ。ただ、もっと高い程度に感じるわけだ。霊の本質は人間よりもしなやかなことである。従って、神の警告を人間よりももっとうまく受け取ることが出来る。これは諸君にも容易に分かることだろう」

——神の命令は、神から霊へ直接伝えられるのですか。それとも他の霊の仲継を通すのですか。

「命令は神から直接くることはない。神と直接交通するためには、それだけの資格が備わらねばならぬ。神は、更に高度の知恵もあり浄化を遂げた霊を通じて、命令を伝え給う」

〔三四五〕 霊の視力には、人間のように、視界があるのですか。

「ない。それは本人しだいである」

〔三四六〕 ものを見るのに、光が必要ですか。

「ものを見るのに外界の光は必要ない。自分の力によってものを見る。暗闇があるとすれば罪の償いのため、自らの目を開くためにある」

〔三四七〕 霊は、離れた二点を見る時、動く必要がありますか。例えば、地球の両半球を同時に見ることが出来ますか。

「霊は思想の速さと同じ速さで動くことが出来るから、同時にあらゆる処を見ることが出来ると言える。霊の思念は同時に多くの地点に向かって放射される。だが、この能力は霊の浄化いかんによって違ってくる。未完成の霊はその見える範囲も狭く、高級霊になると、一望のもとに全体を見ることが出来る」

〔三四八〕　霊は、我々同様に、はっきり物を見ますか。
「もっとはっきり見える。人間には障害になるものでも、霊の視力はそれを通過して先まで見えるから、これを遮るものはない」
〔三四九〕　霊には音も聞こえますか。
「聞こえる。人間の鈍感な耳には聞こえない音でも聞こえる」

――音を聞く能力は、ものを見る能力と同じように、どんな霊にも備わっているのですか。

「霊の聴力は霊の本性であって、霊の一部をなしている。肉体にある間に、肉体器官を通して初めて音は聞こえるのだが、肉から解放されて自由になると、もはやその聴力は、制約がなくなる」

〔三五〇〕　感覚能力は霊の本性だとすれば、嫌な時は、その感覚を受け取らないでおくことが出来ますか。

「霊は、自分で見たい聞きたいと思うものだけを、見たり聞いたりするのである。いや、これは高級霊の場合が特にそうなのであって、未完成な霊の場合は、無理に見させられたり聞かされたりする。場合によっては、本人の意志に反しても、その改善に必要なものは、何でも強制される」

〔二五一〕　霊は音楽が好きですか。

「音楽とは地上の音楽のことか。霊界の音楽は地上の何ものをもってしても表現できない調和があり、とても地上の音楽の比ではない。それは原始人の叫びと、至上の妙なるメロディーの差がある。だが低い霊魂は、能力が足りないので、地上の音楽を喜ぶだろう。霊の感覚能力が進歩すると、音楽は無限の魅力となる。この音楽とは霊界の音楽であるが、それは霊の想像をもってしても、これほど無尽の美と喜びを表現したものはない」

〔二五二〕　霊は自然界の美を感じることが出来ますか。

「自然の美は各天体によってそれぞれ違っているから、そのすべてに通暁することはとても出来ないが、霊の能力に応じて、部分的にその美を味わうことが出来る。しかし、高級な霊はこまごました美を超えて、一大調和をもった美を享受できる」

〔三五三〕　霊は、私共のような肉体的欲求をもったり、身体的苦痛を味わったりしますか。

「霊といえども、過去の経験からそれを知っている。しかし、人間のように肉体的にそれを経験するわけではない。彼等は霊だから」

〔三五四〕　霊は疲労を感じたり、休息の要求をもったりしますか。

「霊は人間が考えるような疲労は感じない。従って地上的な意味の休息を必要としない。そもそも霊には疲労するような肉体はないのだから。しかし、霊はいつも活動しているわけではないから、休息しているのではないかと言われるかもしれぬ。確かに霊は肉体的な活動はしていない、その活動はすべて思想的活動である。だからその休息とは精神の休息、つまり思想が非活動的となっている状態、思念がある目的に向かって放たれていない状態である。これが霊の休息であり、肉体の休息とは大変違った意味の休息である」

〔三五五〕　霊も「つらい」と言うことがありますが、その辛いとはどういうことですか。

「それは精神的な苦しさを言っているので、これは肉体的苦痛以上に、霊には苦しく感じられるものだ」

〔三五六〕　霊も、寒いとか暑いとか言うことがありますが、あれはどういうことですか。

「霊のそういう感じは、地上生活中の記憶の再現なのであって、しばしば本当のように感じるものだ。また、単なるゼスチュアにすぎない場合も多い。というのは、霊が自分の状況を説明しようとしても、うまい表現が見つからない時、そういう方便を使うわけである。また、霊は地上の肉体を思い起こすと、暫時は人間と同じような印象をもつものだ。それは丁度、諸君がコートを脱いでも、なお肩にコートがあるように感じるのと同じだ」

〔三五七〕　（霊の感覚についてのカーデックの注解）略

試練の選択

〔三五八〕　遍歴の状態にある霊が、再生に入る前に、次の人生で起こることを予見しますか。

「霊は独力で、やがて自分が受ける試練を選ぶ。霊の自由意志とは、実に、この選択の自由の中にある」

――では、懲罰として、人生の苦難を課すのは神ではないのですか。

「何ごとも、神の許可なしには生じない。何となれば、宇宙を支配する法則を定められたのは神であるから。諸君も右顧左べんせず、何故に神がそのような法を創られたかを探究した方がよい。神は霊に選択の自由を授けるにあたり、自分の行為とその結果に全責任をもつように委ねられた。人は何でも思いのままに出来る。前途には正道が開かれており、同じく誤りへの道も開かれている。しかし、もし彼が敗れたとしても、慰めの道は残っている、万事はそこで終ってはいないのである。しかも、神は善なるかな、彼はもう一度やり直すことも許されているのである。更に、諸君がここで心得ておかねばならぬことは、神の御意志の仕事と、諸君の意志の役割とは違うということ。もし危険が諸君の身に近付いたら、その危険を創ったのは諸君でなく、神である。諸君は自らその危険に身をさらすように選択した、それは、諸君がそれが進歩の道であると見てとったから。神はそうすることを諸君に許し給うたのである」

〔三五九〕　もし自分の受ける試練を私共が選ぶ自由を持つとするなら、地上生活で味わう苦難は、これはすべて、私共が予め選び予想していたことなのですか。

「いや、すべてがそのとおりとは言えない。即ち、諸君は此の世で起こる事柄のすべてを、その細部にわたるまで選び予見したわけではない。諸君はどんな種類の試練を受けるかの選択をしただけである。この試練で生じた出来事は、諸君が選んだ一般的な状況の結果であり、またその試練に対する諸君の反応の結果である。たとえば、ある霊が悪人達の中に生まれる運命を選択するなら、彼は自分がどんな試みにあうかは分かるが、どんな行為を行うかについてはいちいち分からない。そのような細かい行為は意志活動、つまり彼の自由意志の働きの結果である。霊が一つの道を選べば、そのためにどんな種類の試練にあうかは分かる。だから大体の推移についてはは理解できるが、いちいちそれがどうなるかは分からない。具体的な出来事についてはは、その時の状況やいきさつで違ってくる。霊にとって前もって予見できることは、新しい人生の骨格のみで、即ち彼の運命に決定的影響を与える事柄のみである。もし、轍《わだち》がいっぱいついている路に入れば、転ぶ危険があるから、誰でも慎重に歩かねばならぬことまでは分かる。だが、どこで転ぶかは分からない。また十二分に気をつけて行けば、転ばずにすむことだってあるだろう。またもし道を歩いていて、煉瓦が頭上から落ちてきたとする、まさか諸君は、この筋書きが出来ていたとは考えはすまい」

〔二六〇〕　霊が悪人達の中に生まれることを選ぶなどということが、あり得ましょうか。

「人はその求めている試練の性質に、かなった環境に入ることが必要なのである。彼が是正したいと思っている欠点と、彼が選んで入った環境との間には、きっと相通じるものがある。たとえば、もし彼が掠奪《りゃくだつ》という本能と闘わねばならないとするなら、彼は山賊の群の中に入る必要があるということだ」

――では、もし地上に一人も悪人がいないとすれば、霊はある種の試練に必要な環境を発見できませんね。

「それが事実ならもう何も言うことはないのではないか。これは高級の世界、悪の近より難い善霊のみの住む世界。地上も一日も早くこのような世界になるようにされたい」

〔二六二〕 霊が完全に到達するには、あらゆる種類の試練を経験する必要があるのですか。高慢、嫉妬、貪欲、肉欲をそそるような、あらゆる環境を体験せねばならないのですか。

「いやそんなことはない。ご承知のように、多くの試練を受ける必要のない道を、初めからとる多くの霊がいるのだから。しかし道を誤ると、その道のもつあらゆる危険に身をさらすことになる。たとえば、ある霊が富を求め、それが認められるかもしれない。この場合に、彼はその人格に応じて、貪欲家、道楽者、利己主義者、あるいは寛仁大度の人物となり、財産を活用するかまたは浪費するかである。しかし富を持ったため、一切の悪で答《むち》うたれる者になるとは限らない」

〔三六二〕　霊も、最初は経験もなく、無知単純なのですから、どのようにして、しっかりした人生の選択など出来得ましょうか。また、その選択に責任など持ち得ましょうか。

「揺り籠の中の幼児のために諸君がするように、神はそのような霊のために道を画いてやり、無経験のために欠けているものをお授けになる。しかし、自由意志の成長につれて、徐々に自分で選択するようにしむけ給う。こういう場合、しばしばその霊は途方に暮れて、間違った道をとることがある。もし、彼が彼を導こうとしている善霊の忠告に耳を傾けないならば。人類の堕落と呼ばれるかもしれないものはこれである」

——霊が自由意志をもつようになった場合、地上界に生まれるのは、本人の選択によるのですか、それとも神が罪の償いとしてそうなされることもあるのですか。

「神はゆっくり待ち給う、決して償いを急がれはしない。しかしながら神は時にはそのような存在を課し給う。もし、霊が無知と頑固さによって、自分のためになるものに気付かぬ時、また、それが彼の浄化と進歩に役立ち、他方、彼の償いのためにもなると考えられる時」

〔二六三〕　霊は死後すぐに、その選択をするのですか。

「いや、霊の多くは自分の苦しみが永久に続くと信じこんでいる。これは懲罰であると、かように諸君は以前に聞いたことがあるだろう」

〔二六四〕　霊が自分が受ける試練を決める時、何がその決め手になりますか。

「それは自己の欠陥を償うのに役立つもの、同時により早く進歩させてくれるもの、そういう試練を選ぶ。この目的のために、ある霊は貧困の苦を自己に課して、それに耐える勇気を養おうとする。またある霊は、財産や権力の試練で抵抗力の訓練をしようと望む。これは、財や権力をもてばこれを悪用したり、またそれあるが故にかえって悪感情を持ったりするので、更に危険性の多い道である。またある霊は、悪い環境と闘う運命を選んで、自己の善意を養っていこうと志ざす」

〔三六五〕　ある霊は道徳心を養うために、悪に身をさらす道を選ぶとします。しかし他の霊は同じ悪の道を選ぶにしても、別の動機から、つまりは低い自分の堕落した好みに合った環境に住みたい、またその環境なら快楽が自由に得られるからという願いから、そういう霊もいるのではありませんか。

「確かにそのようなことはある。但し、それは徳性が大変未完成な霊の中に、そういう例があるだけである。その場合も、必要な試練は自然に発生し、霊は長期にわたりその試練を受けることになる。早晩、彼等は動物的本能に耽ることは、悲惨な結果を招くということを理解するようになる。その悲惨は殆んど永遠に続くように自分には思えるものだ。また神は時として、彼等をその状態のままで放置し給うこともある。即ち彼等がついに自己の欠陥の重大性に気付き、それを改善するために、自ら進んでそれに適した試練を甘受してみようという気持になるまで」

〔三六六〕　最も苦痛の少ない試練を選ぶのが当たり前と思えますが。

「諸君の立場からすればそう思えるだろうが、霊の立場からすれば違う。人が物質から解放されると、そういう考えはなくなって、違ったふうに考える」

〔注解〕　人間は地上にあって物質の影響下にある時は、試練の辛い面だけを見て、物質的喜びに結びつく体験の方を選ぶ。しかし霊の世界に入ると、チラリと不変の至福が目に入るので、これと物質的な一時的快楽とを比較して、ちょっと苦労しさえすればこの至福が手に入ると判断する。そこで、霊は最も辛い試練を選択し、結果として辛い人生を引き受ける。これによって、迅速に幸福へ到達できることを願って。それは丁度、病人が病気が早く治るために、苦い薬を飲むのと同じである。

〔三六七〕 霊は、地上世界にある間に、選択をすることが出来ますか。

「人が欲求を抱けば、その意図の性質にもよるが、ある程度の影響をもつ。しかし当人が霊界に入ると、まるで違ったものの考え方をすることが多い。人は霊としてのみ自己の次の人生を選択するものである。しかしそれにも拘らず、人は物質界に在る間に、その選択をするやもしれぬ。というのは、霊は地上に在る間にさえも、地上の物質から独立したたまゆらの瞬間をもつからである」

――地上の多数の人間は、償いとか試練とかいうこともありましょうが、先ず地上的な意味の偉大さとか財を求めますね。

「そのとおり。人が心の充足を求めて、世間的偉大さを目指すのは本能である。霊がそのようなものを望むとすれば、世の栄枯盛衰を心に刻む、そのためである」

〔三六八〕　霊は完全な浄化の状態に到達するためには、絶えず試練を受けていかねばならないのですか。

「左様である。しかし試練といっても、諸君が考えるようなものではない。諸君は試練といえば、物質的苦難とのみ考える。しかし霊は完全といえなくても、ある程度の浄化に達すると、もはやそういう物質的苦難は受けなくなる。それにも拘らず、霊は自己の進歩のための義務を遂行せねばならない。しかし、その義務には苦痛は全くない。例えば結果として自分の進歩に役立つ他者への奉仕のように」

〔三六九〕　霊が自分で選ぶ試練の効果を見誤っていたということがありますか。

「霊が自分の力に余る試練を選んで、これに負けてしまう場合があるやもしれぬ。また何の利益にもならない試練を選んでしまうことがあるかもしれない。例えば、本人が怠惰で、ろくでもない人生を過ごそうと思うような場合。しかしそういう場合、霊界に戻って来ると、何も得るところがなかったと感じ、失われた時間を埋め合わせようと願う」

〔三七〇〕 人がその職業についた原因、甲の人生でなくなぜ乙の人生を選んだか、これは如何でしょうか。

「この回答は、諸君自身の中にあるのではないかな。現在その職業についていることは、既述の試練の選択の結果であるということ、また、前生涯での進歩の結果でもあるということ」

〔三七一〕 遍歴状態下の霊が、自分の進歩に役立つ地上生活をあれこれ研究する場合、たとえば、もし食人種に生まれたら、こういう生活をするだろうなどということは、どのようにして計り知ることが出来ますか。

「食人種に生まれる霊は、進歩した霊ではなく、食人種程度の霊、またはそれ以下に低い霊であろう」

〔三七二〕　地球より低級の世界から来る霊、または食人種のような人類最低のところから来る霊が、文明人の中に生まれることが出来ますか。

「可能である。このような霊が、時として文明人の中に生まれてくる。それは、今までより遙かに高級な状態に到達しようと試みるからである。しかしながら、彼等は場違いの状態にある。何となれば、彼等は迷い込んだ社会の信仰や慣習と、衝突する本能や慣習を身につけて来ているから」

〔三七三〕　文明人が、償いのために、野蛮人の中に再生することがあり得ますか。

「ある。しかし、それはどんな償いをするかによる。自分の奴隷に残忍だった主人は、次は奴隷となり、他人に与えた苦しみを今度は自分が受けることになろう。権力を奪った者は、前生で彼に頭を押さえられていた人々に従わねばならなくなる。自己の力を濫用すれば、償いとして、上述のような人生が与えられるだろう。しかし、一方、善霊も低級な種族の中に生まれる運命を選ぶこともある。これら種族の進歩を促進させるために。この場合の再生は、使命による再生である」

他界における諸関係

〔三七四〕 霊には進歩の段階がいろいろありますが、この段階に、力の階層というものがありますか。即ち、霊には支配被支配の関係が存在しますか。

「存在する。進歩いかんによる霊相互間の、権威の関係は極めて大きい。進歩した霊はそれ以下の霊に対して、厳然たる道徳的支配力をもっている」

——低級霊が、自分より高級な霊の支配を受けないようにすることが出来ますか。

「高級霊の権威は、進歩により備わっているもので、低級霊はこれに逆らうことは出来ない」

〔三七五〕 地上で幅をきかせた権力や地位は、霊界に入ってももものを言いますか。

「いいえ。霊界で尊重されるのは謙虚さであり、高慢は品位をおとすものだから。聖書の詩篇を読みなさい」

——品位があるとかないとかは、どういう意味で理解したらよろしいですか。

「霊はその功徳の差に応じて、段階が違っている。従って、地上で最高の地位にあった人が、霊界で最低の段階にあったり、その召使が最高の段階に入っていたりする。イエスも言ったように、おごる者は卑しめられ、へりくだる者はあがめられると」
〔三七六〕　地上で高位を占めた者が、霊界で低い段階に入るとすれば、この変化に屈辱を感じるのではありませんか。
「そういうことは極めて多い。特にその者が傲慢で嫉妬深い場合にはひどい」
〔三七七〕　戦いが終って、霊界で兵卒が将軍に会う場合、兵卒の目には、やはり将軍は偉い人に見えますか。
「肩書きは意味をもたない。魂の偉さのみが人間の価値を表す」
〔三七八〕　霊の世界では、程度の違った霊同士でも、一緒にまじり合うのですか。
「そうでもあり、またそうでもない。即ち、霊はお互いを見るのだが、また同時に等しく離れている。彼等はお互いに親近感をもっていれば近づき、でなければ遠ざかる。この点は諸君等の場合と同じだ。霊の世界は種々の条件や関係が完全に一つにまとまった世界だ。この点、地上界はそれの不完全な反映にすぎない。同一段階の霊同士は、一種の愛著によって互いに引き寄せられ、共感と共通の目的で結ばれて、霊集団ないし霊家族を形成する。善霊は善事をしようという欲求で結ばれる。よからぬ霊は、悪事をしようという欲求や、不行跡の恥らいや、自分に似た者の中に自分を置いておきたいという欲求から、一緒に集団をつくる」

〔三七九〕 霊は、どんな霊でも、お互いに近付くことが出来ますか。

「善霊は何処へでも行くことが出来る。それは、未熟な霊達に彼等の良い感化を与えてやれる、その必要があるからだ。しかし低級霊は、善霊の住んでいる地域に近付くことは出来ない。従って、低級霊は悪念を導入して、善霊の幸福な住域を乱すわけにはいかない」

〔三八〇〕 善霊と悪霊との間にある関係とは、どんな性質のものですか。

「善霊は悪霊のもっている悪い傾向と闘いつつ、その進歩向上のために指導協力する。

この交わりは善霊にとり、与えられた使命である」

〔三八一〕　悪霊は人間に悪をそそのかして、いったい何が楽しいのですか。

「それは嫉妬心からだ。善霊の間に席を占めたことのない彼等は、自分達の味わえない幸福に他の霊が近付くのを、極力邪魔しようと望む。彼等は他の者にも、自分等と同じ苦しい目に合わせたいと思う。諸君らにも、心に同じ思いが働くことに気付かないか」

〔三八二〕　霊同士のお互いの意志の疎通は、どのように行われるのですか。

「霊は相手を見て、相手を理解する。会話は物質的なもので、霊の反映である。宇宙には液状体があって、これが霊魂間の通信を絶えず可能にしている。丁度、地上では空気が音の媒体であるように、この液状体は思想を伝える媒体である。この液状体は一種の宇宙的な通信機能を果たすもので、あらゆる世界を結びつつ、甲の世界から乙の世界へと、霊の通信を可能にしている」

〔三八三〕　霊は自分の思想を隠すことが出来ますか。また、他から見えないように身を隠すことが出来ますか。

「それは出来ない。霊のあるところ、すべてが明らかである。特に完成した霊に対してはそうである。彼等は互いに目の前から去っても、いつでもお互いは目に見えている。しかしこれは絶対的なルールではない。何となれば、もしそれが望ましければ、高級霊は低級霊に対して、自分が全く見えないようにすることも出来る」
〔三八四〕　霊には肉体がないのだから、どうやってその個我を保持していくのですか。また、周囲に沢山いる他の霊の個我と、どうやって区別できるのですか。
「人間の肉体の役割に似ているのが、霊の外被（媒体）である。この媒体によって個我が保持され、夫々に異なった個性をつくり、また他霊との区別や相違をつくっている」
〔三八五〕　霊は地上時代と同じように、お互いを識別できますか。息子が父を、友がその友を。
「出来る。世代から世代を通じてできる」

――地上で知り合った者は、霊界でどのようにして互いを認めるのですか。

「我々は自分の過去の人生を見て、書物を読むようにそれを読む。友人でも仇敵でも、その過去を見るとき、その者の死に至るまでの人生航路が分かる」
〔三八六〕　霊は肉体を離脱すると、直ぐに霊界にいる親戚や友人の姿を見ますか。
「直ぐに、という言葉は適切ではない。というのは、前に述べたように、霊は自己意識を取り戻すために、また物質のヴェールを振り捨てるために、多少の時間を要するからだ」
〔三八七〕　霊が霊の世界に入る時は、どのように迎え入れられるのですか。
「あるいは、正直者は待ち望まれていた最愛の兄弟の帰宅のように。あるいは、悪徳の者は軽侮の目をもって迎え入れられる」
〔三八八〕　不純な霊は悪い霊の中に入って行くけど、そんな悪霊達を先ず目にした時、どんな気持を抱きますか。
「彼等は自分に似た者達を見て喜ぶ。やはり自分のように至高の浄福に無縁の者達を見て喜ぶ。それは地上と同じく、無頼漢が別の無頼漢に会って喜ぶように」

〔三八九〕私共が地上を去る時、霊界にある親戚や友人達は、逢いに来ますか。

「来る。彼等は愛する者に逢いにやって来る。彼等は無事に旅を終えて帰って来た人を迎えるように祝福を与え、肉の絆《きずな》を脱ぎ捨てる手助けをしてくれる。このように親しい者等に迎えられることは、正直な者に許された恩恵である。これに反し、不良な魂は迎えに来てくれる者もなく、罰として孤独のままに捨て置かれるか、または、自分と同じ不良の霊達に周りを取り囲まれるのみである」

〔三九〇〕死後は、親戚や友人達と、再び一緒に暮らせるのですか。

「それは、本人達の進歩の程度いかんによる。また、これから進歩のために辿らねばならぬ道いかんにもよる。もしその中の一人が遥かに進歩しているとか、他に抜きん出て急速に進歩向上するなら、一緒のままで暮らすわけにはいかない。彼等は時々互いを見るかもしれないが、本当に一緒になれるのは、終局において次の場合だけである。即ち、後なる者が先なる者と歩調を合わすことが出来る時、または両者ともに完成の域に達した時。しかもなお、親戚や友人の姿を見失ってしまうことが、罰として霊に課されることがしばしばある」

霊の抱く共感と反感

〔三九一〕　霊の似かよった者同志の共感の外に、霊が個人的に相互に好感を抱くことがありますか。

「ある、それは人間の場合と同じだ。しかし肉体を脱すると、その結び付きは一層深くなる。それはもはや情緒の浮き沈みに身をさらすことがなくなるからである」

〔三九二〕　霊が相互に憎しみ合うことがありますか。

「浄化していない霊は憎しみを抱く。人間の間に憎悪や不和の種をまくのは彼等である」

〔三九三〕　地上で仇敵であった者は、他界に入っても、依然として憎悪をもちつづけますか。

「いやそんなことはない。彼等はしばしば、その憎悪がいかに愚であったかを知り、また、憎悪のもととなっていた事柄の幼稚さを感じるから。唯、未熟な霊は依然として地上生活の怨恨を抱きつづける。但しそれも、彼等が向上浄化していくにつれ、薄れていくのではあるが。霊の抱く怒りも、元は単なる物質的利害から起こったのだから、霊は肉体を脱するや否や、その不和やあつれきを忘れてしまう。もはや不和の原因は存在しないから、もし互いの間に他に反感がなければ、彼等は再び喜びをもって互いを見る」

〔三九四〕 地上で互いを傷つけあった非道行為の記憶は、霊界に入っても、両者の共感の障害となりますか。

「左様、どうしても両者は離れがちである」

〔三九五〕 傷つけられた相手は、死後どんな気持をもっていますか。

「それが善霊なら、傷つけた相手の懺悔いかんで、直ぐ許す。しかし、これが良くない霊なら、死後も憎しみをもちつづけ、相手をつけ狙うかもしれない。神もこれを懲罰として許し給うだろう」

〔三九六〕　個人的愛情は死ねば変化するでしょうか。

「変わることはない。死後の世界では、お互いの心底を見損うことはあり得ないからだ。地上では顔色や言葉で自分を隠せたが、霊界にはそんな都合のよいものはない。だから、地上での互いの愛情が本物だったら、こちらに来ても変わることはない。二人を結ぶ愛こそは至高の幸福へ至る源泉である」

〔三九七〕　二つの霊が抱いていた互いへの愛情は、霊の世界へ入っても続きますか。

「それは間違いなく続く、その愛が心と心の結び付きであるならば。もし、それが心よりも肉体的要素が多ければ、死とともに燃えつきる。愛は地上に在った時より、霊魂になってからの方が一層強く且つ永続するものだ。それは物的利害や自己愛などのはかないものと、もはやかかわりをもたなくなるからだ」

〔三九八〕　最後に愛で一つに結ばれる二人の魂は、初めからそうなるものと定められていたということ、また、吾々には宇宙のどこかに、最愛の誰かがいて、やがて一つに必ず結ばれているということ、この事は真実ですか。

「いや、誰も特定の宿命的な相手が定められているわけではない。結合はすべての霊との間にある。但しその結合の程度は違う、その霊の段階、つまり到達した完成の度合いに応じて。進歩の程度が高ければその結合も強い。人間生活一切の禍の源は不調和、すべての霊が最後に到達する完全完ぺきの幸福は調和の結果である」

〔二九九〕　自分が特に共感を感じる相手のことを、霊が「私の半身」とよく呼ぶことがありますが、それは何と解釈したらよろしいですか。

「その表現は正確ではない。もしある霊が他の霊の半身であって、しかも相手から離れているとすれば、その霊は不完全なものであろう」

〔三〇〇〕　もし二つの完全に共感し合っていた霊が、他界に入って再び結合するなら、彼等は永遠にこうして結ばれているのですか。それとも、やがて別れて、更に別の霊と結ばれることがあり得るのですか。

「すべての霊が結合する。ここで申すのは、完全に到達した霊のことである。それ以下の境涯では、一つの霊が向上する場合、彼は別れた霊達に対して、同様の共感を必ずしも感じることはない」

〔三〇一〕 二つの霊同士が完全に共感し合っている時、彼等は互いの半身なのですか。それとも、それは完全な性格一致によるものですか。

「霊同士を引き付ける共感とは、両者の性向や本能の完全同調の結果である。もしお互いが他の半身なら、彼等は独立者とは言えなくなる」

〔三〇二〕 思想や感情が似ていることは、完全共鳴を生み出すに大切な要素と言えますか。あるいはまた、もっている知識が同じようであることも、その要素となりましょうか。

「二つの霊の完全な共感は、進歩程度の同一性、これから生まれるのである」

〔三〇三〕 今は共感していない霊同士が、将来、共鳴し合う仲となることがあり得ますか。

「ある。すべての霊が、時至れば互いに共感し合うものとなる。されば、かつて一つであった二つの霊のうち、一つが他より早く進歩してしまうことがあろう。しかし、他方は今は低い所に居ても、次第に進歩して、もう一方が住む境涯に達することにもなり得よう。また、進歩していた方が試練に負けて、暫らく低滞することにでもなれば、両者の再結合はやがては生じることにもなろう」

——現在共感し合っている二つの霊が、いつか別れてしまうことがありますか。

「それはある。一方が進歩するのに、他方が力を欠いて低滞すれば、そうなる」

地上生活の記憶

〔三〇四〕　霊は自分の地上での生活を覚えていますか。

「覚えている。霊は人間として過去何度も地上生活を送っているが、その事をよく覚えており、そして時には、過去の愚行を思い出しては微苦笑を洩らすこともある」

〔三〇五〕　霊は死ぬと、直ぐに、その地上生活の記憶が完全に自動的によみがえるものですか。

「いや、それは少しづつよみがえってくる。即ち、彼が地上生活に注意を向けるにつれ、恰も霧の中から物体がだんだん現れてくるように」

〔三〇六〕　霊は地上生活のすべての出来事を細部まで覚えていますか。一望のもとに全人生を見通すのですか。

「本人の霊性に与えた影響いかんにもよるが、霊はおおむね生涯の出来事を、はっきり細かに記憶している。だが諸君にも分かるとおり、人生にはさして大切でもないし、また本人も思い出そうともしない事があるものだ」

――もしそういう事でも、思い出そうとすれば、思い出せますか。

「霊はどんな細かい事でも、思想についてさえも、思い出そうとすれば思い出す力がある。但し、その力を働かすには、ちゃんとした役に立つ目的がなければ霊はその力を働かさない」

〔三〇七〕　霊はどういう具合いに過去を思い出すのですか。じっと思い出そうと努力するのですか。それとも、目の前に絵のように次々と浮んでくるのですか。

「それは両方のやり方がある。興味ある事柄は、現在の事のように目の前に現れるが、そうでないものは、漠然と頭に浮ぶ程度か、全く浮んでこないかである。その霊が物質から超越していればいる程、物質的な事には関心を示さない。諸君もしばしば次のような経験をすることがあるだろう。死後間もない霊を呼び出すと、地上で親しかった人達の名前も思い出せず、諸君にとって重要だと思える事も覚えていないということが。彼が殆んどそんな事柄には関心をもっていないので、記憶がうすれてしまったのである。しかし、彼は精神的道徳的進歩に役立った、過去の大切な事柄は完全に記憶している」

〔三〇八〕　霊は過去の数多い前生のことを、皆おぼえていますか。

「それは丁度、旅行者が通り過ぎた宿駅を思い出すように、霊の過去のすべてが彼の目の前にひろがっている。しかし前述のように、何から何まで過去の一切の事柄を、はっきり覚えているわけではない。それらの中、現在の彼に影響を及ぼした程度に応じて、大なり小なりはっきりと覚えているのである。初期の前生、つまり霊の揺籃期を形成するような事柄については、忘却の夜の中に消えている」

〔三〇九〕　霊は肉体を離脱すると、その肉体をどのように思うのですか。

「自分を束縛していた不愉快な外被、それを脱いでせいせいした感じ」

　――自分の肉体が分解していくのを見て、どんな感じを抱きますか。

「たいていの場合は無関心、もう用のない代物という感じ」

〔三一〇〕　霊はしばらく経った後でも、自分の遺骸や品物に見覚えがありますか。

「見覚えていることがよくある。但し、それは、地上の物を見る本人の視点の高さ、これ次第である」
〔三一一〕　遺族が故人の遺物に敬意を表していれば、霊の注意はそれら遺物に向けられますか。また、霊はこのような敬意を嬉しいと思いますか。
「霊は遺族達が親しい思いを寄せていることを嬉しく思う。遺族達は故人の思いをとどめる品物を通じて、故人を思い出す。しかしながら、死者の霊を引き付けるものは、これら遺族の念であって、遺物ではない」
〔三一二〕　前生での苦しい出来事を、霊は記憶していますか。

「よく覚えている。この記憶があるから、霊が享受できる至福の有難さが、一層はっきりと理解できる」

〔三一三〕　幸福な地上生活を送った者は、現世を去る時、地上の喜びに哀惜の情を抱きますか。

「低級霊の場合は、そういう物質的快楽の喜びをいとしがる。だがそういう態度は、苦しみをもって報われることになる。高級霊の場合は、永遠の至福の方が、地上の一時的快楽などより、比較にならぬほど好ましい」

〔三一四〕　世のため人のために、ある仕事をしていた人が、死によってこれが中断された場合、他界に入って彼はそのことを残念がりますか。

「いや、彼は他の人々がその完成の役を果たしてくれることを知るので、残念に思うことはない。むしろ、彼は自分の始めたその仕事を、他の人々が達成してくれるよう、それらの人々の心に働きかける努力をする。地上にある時、彼の目的は人類のためになることだったので、他界に入っても、彼のその目的は変わらないのである」

〔三一五〕　地上に美術や文学作品を残してきた人は、他界に入っても、地上でその作品に対して彼が抱いていた興味をもちつづけますか。

「彼の進歩に従い、昔とは違った見地からそれらの作品を判断するので、以前の誇らしさとは逆に非難することが多い」

〔三一六〕　霊は地上で進められている仕事、芸術や学問の進歩に関心をなおもっていますか。

「それは、その霊の進歩の程度とその使命によって違ってくる。地上の諸君には素晴らしいと思えるものも、霊にはごく些細なものにしか見えないことが多い。もし霊がそれに興味をもつとすれば、それは単に学者が小学生の作品に関心を示すのと同じようなものだ。霊は地上人の進歩を示すものは、何でもこれを調べ、その進歩の程度に注目するのだが」

〔三一七〕　霊は死後も祖国に対して、何らかの愛着をもっていますか。

「進歩した霊にとって、祖国とは宇宙である。これらの霊が地上に愛著をもつとすれば、彼等と共感する多数の人達が住んでいる場所に対してだけである」

〔三一八〕 霊は他界生活中に、ものの考え方を変えることがありますか。

「それは大いに変わる。霊が物質から超越していくに応じ、その思想は大きく変化していく。あるいはしばしば、長期間にわたり、霊は同じ観念をもちつづけるかもしれない。しかし、徐々に物質の影響が消えていくと、ものがはっきり見えるようになるのだ。この時、霊は進歩の手段を求めるようになる」

〔三一九〕 地上に生まれてくる前に、霊は霊界に住んでいたのですから、再び霊界に戻って来た時、なぜ驚きを感じるのですか。

「この驚きは一時的なもの、それは死から霊への目覚めから起こる混乱によって生じるもの。だが間もなく、過去の記憶が帰ってくるにつれ、自分についての知識を回復し、地上生活の印象は消えてしまう」

葬式

〔三〇〕　地上で好きだった人達が思い出してくれると、霊は心を動かされますか。
「それは諸君が想像する以上に、その影響は大きい。もし霊が幸福な場合は、その幸福を倍加するものだし、不幸だったとしたら、大きな慰めになる」
〔三一〕　国によっては死者の慰霊の日が定まっています。そういう日には、特に霊は地上の知人に心をひき付けられますか。霊はその日、お墓参りに来る人達に会うことを目的としますか。
「それはいつの日でも同様、その日にしても、親しい思いを向けてくれれば、霊もこれに応ずる」

——その日には、霊は遺骸の埋めてある場所へ特に行きますか。

「その日には、霊は大挙して墓地へ出かける。それは、大勢の人達の思念によって、そこへ呼ばれるからである。しかし、各霊魂は自分の知友のためにのみ行くのであって、決して無縁のそこに来る大衆のために行くのではない」

——どんな形をして、霊はそこへ行くのですか。また、もし人間の目にその姿が見せられるとしたら、それはどんな風貌ですか。

「顔も形も、生前見なれたままの姿である」
〔三二二〕　人から忘れられ、誰もその墓を訪れる者のない霊達も、やはり墓へ出かけますか。誰も彼を思い出してくれる人もないのを知って、彼は残念に思いますか。
「霊にとって、地球とは何であろう。もし彼等が大地につながっているとすれば、それは心によってのみである。もし、その霊に地上から何の愛情も向けられていなければ、彼を大地につなぎ止める何ものもない。彼の前には大宇宙が拡がっている」
〔三二三〕　友人が自宅で死者のために祈るより、墓にお参りしてやることの方が、霊には更に嬉しいことですか。
「墓にお参りすれば、その死者が忘れられていないことを霊に示すことにはなる。つまりそのしるしである。既に述べたように、直ちに死者のためになるのは心に念ずることであって、墓に行くかどうか、たとえそれが心からそうしたものでも、たいした意味はないものである」

〔三二四〕　故人の銅像とか記念碑が建立される時、本人の霊は除幕式に出席しますか。その式典を嬉しい気持で見守りますか。

「そういう場合、霊は可能なかぎり、出席することが多い。しかし霊にとっては、そういう名誉よりも、人々に思い出して貰うことの方が大事なことなのである」

〔三二五〕　特定の場所に葬って貰いたいと希望する人がいますが、あれはどういうことですか。死後そこへ本人は好んで行くものですか。こういう物質的なことに重要性を置くというのは、霊的にみて低級なしるしですか。

「こういう希望は、特定の場所に対する霊の愛着から生まれるもので、精神的には未熟な証拠である。進歩した霊にとり地上の場所は問題でない。骨がどこにあろうと、霊界で愛着のある者同士がまた会えること、彼は知らないであろうか」

――家族全員の遺骸を特定の場所に葬ることは馬鹿げたことですか。

「そんなことは霊にとって殆んど意味がない。但し、生きている人間には有用なことだ。というのは、こうすれば、故人達に対する彼等の記憶が一層強くなるから」

〔三二六〕　他界に入ってから後、霊は自分の遺骸に敬意が表されることに、満足を覚えますか。

「霊はある進歩の段階に達すると、地上的な虚栄の無意味さを知って、そういうことから超越する。だが霊の多くは、死後しばらくの間は、自分に敬意が払われると多大な喜びを感じ、また無視されるとひどく悲しがる。彼等は依然として地上時代の馬鹿げた観念をもちつづけているからである」

〔三二七〕　霊は自分の葬式に参列しますか。

「参列することは極めて多い。だが多くの場合、霊は、死んだ直後にいつも起こる戸惑いの状態下で、何が行われているかはっきり分からない状態で参列している」

――彼等は自分の葬式に多数の人が出席していると、嬉しいと思いますか。

「おおむねそうである。葬式に集まった人々の気持に応じて」

〔三二八〕　霊は自分の相続人達の集まりに出席しますか。

「殆んど常に出席している。神慮によりそうし向けられるのであって、これは霊に対する教育のため、また利己主義の懲罰のためである。これで、故人は、生前に自分に向けられた愛や忠誠が本ものだったかが判定できるし、また彼の遺産のことで、いがみ合う者達の強欲さを見て、ひどく落胆したりする。だが、この欲張りの相続人達の罰は、そのうち必ず来ることになろう」

〔三二九〕人類は、いつの時代でもどんな民族でも、本能的に死者に対し敬意を表してきました。これは、死後の生存に対する、直観的な信仰から出てくるのですか。

「前者、死者の敬意は、後者すなわち死後生存の信仰から生まれる自然の結果である。もしこの信仰がないとすれば、死者への敬意は、何の目的もなく何の意味もない」

十章

地上への再生

再生の序曲

〔三三〇〕　霊は地上へ再生する時期を予知しますか。

「彼等は再生の予感はもつ。それは丁度、盲人が火に近付きながら熱さを感じるように。彼等は自分がいつか再生することは知っている。それは恰も、諸君らがやがて必ず死ぬことを知っているのと同じように。ただ、いつ再生するか時期はしらない」

——では、死が地上生活にさけられないように、再生は霊の生活に不可避のものですか。

「そのとおりだ」

〔三三一〕　霊は皆、来たるべき再生にそなえて、一生懸命ですか。

「中には、そのことに一考も与えず、また何も知らない霊魂もいる。これは進歩の程度によって違ってくる。場合によっては、自己の未来に何も気付かない不安定性は、一種の懲罰である」

〔三三二〕　自分の再生の時を早めたり、遅らせたりすることが出来ますか。

「強力な希望をもてば、早めることは出来よう。また、前途の試練に尻ごみして、これを遅らせることも出来よう（霊にも、人間同様、卑怯者や無関心な者もいるのだ）、だがそんなことをすれば、必ずや罰を受けることになる。このような遅延は本人を苦しめることになる。それは丁度、病人がびくびくして、適切な医療を遅らすために苦しむようなものだ」

〔三三三〕　他界の中くらいの境涯にいる霊が、そこで幸福を感じているとすれば、いつまでも無限にその境涯に居つづけることは可能ですか。

「いや、無限にというわけにはいかぬ。遅かれ早かれ、どんな霊でも進歩の欲求が起こってくる。すべての霊は進歩せねばならぬ、それが霊の天命である」

〔三三四〕　魂がどの肉体に宿るかは、予め定められていますか。それとも生まれる時になって、たまたま選ぶのですか。

「一つの肉体に宿る霊は前もって予定されている。霊は自ら次に担うべき試練を選ぶが、その時再生したい気持になる。全知全能の神は、その時、既にその霊がどの肉体に宿るかを知り給うている」

〔三三五〕　霊は自分で宿りたい肉体を選ぶことが許されますか。それとも、自分の試練に適した人生を選ぶだけなのですか。

「霊はまた肉体をも選ぶかもしれない。何となれば、もし欠陥のある肉体を選べば、それは本人の進歩に役立つ大きな試練となるから、但し、彼がその障害をうまく克服すればだが。この選択は必ずしも本人次第ではない、しかし彼はその選択が許されるよう求めるかもしれない」

――いざ生まれる段になって、自分の選んだ肉体に入るのを拒むことが出来ますか。

「そんなことをすれば、新しい試練を担おうとしなかった人以上に、厳しい苦しみを受けることになろう」

〔三三六〕　もう生まれるばかりの赤ん坊に、未だ宿る魂が定まっていないということがありますか。

「神はあらゆる場合に備えておられる。此の世にちゃんと生を享けるように定められている子供には、ちゃんと魂が宿る手筈になっている。計画なしで何ものも創造されることはない」

〔三三七〕　この魂はこの肉体に宿るべしと、神によって特に強制されることがありますか。

「時にはそういうこともある。それは、霊魂の中に、試練を強制される者があるのと同じことだ。こういうことは特に、その霊が遅鈍で、自分ひとりでは賢明な選択が出来ない場合に多い。罪の償いのために、ある霊は、特定の赤ん坊の身体に宿らされることもある。やがてその赤ん坊が入る境遇や地位次第では、その事が霊にとって、懲罰の役を果たすことになるのである」

〔三三八〕　まさに生まれようとしている赤ん坊に、宿りたい霊が幾つもある時は、どうするのですか。

「そんな場合には、神により、その赤ん坊に定められた運命を達成するに、最もふさわしい霊が決定される。だが前にも言ったとおり、霊がどの肉体に宿るかは、生まれるよりずっと以前に、ちゃんと計画されているのだ」

〔三三九〕霊が肉体に宿る瞬間には、霊が肉体から離れる死の瞬間と、同じような混乱が起こりますか。

「起こる。だがもっと大きく、特に混乱の時間はずっと永い。死の時は、霊はとらわれの状態から解放されるわけだ。だが誕生とは、そのとらわれに再び入り込むことだ」

〔三四〇〕再生の瞬間を、霊は、厳粛な時と感じますか。それを、霊は真摯に且つ厳粛に行いますか。

「彼は恰も危険な航海に出かける旅行者、しかも進み行く波路に生死を期しがたい、そんな旅行者のようなものだ」

〔三四一〕新しい人生で、自分は果たして選んだ試練をうまく乗り切れるかどうか。これは再生前の霊にとり、やはり心配の種でしょうか。

「それは大きな心配の種だ。何といっても、その試練をうまくやるかどうかで、進歩か退歩かが決まるのだから」

〔三四二〕　霊が再生する瞬間には、恰度死の瞬間の場合と同じように、見送りの霊達がとり巻いていますか。

「それは、その霊が住んでいた境涯いかんに依ることだ。もしその霊が愛情に満ちた境涯の住人だったら、彼を愛する霊達は、最後の瞬間まで傍にいて激励してくれるし、更にしばしば新生活の中にまで付いてきてくれる」

〔三四三〕　夢でよく吾々に好意を示してくれる霊があるのですが、それはこうして吾々の現実生活に付いて来てくれる霊なのでしょうか、ただ私共はその顔を知らないのですが。

「そうだ、多くの場合そうだ。諸君が牢獄に囚人を訪れるように、彼等は諸君を訪ねてやって来る」

霊肉の結合

〔三四四〕　魂は肉体といつ結び付きますか。

「両者の結び付きは受胎の瞬間に始まり、出産の時に完成する。受胎の瞬間に、霊は液状の紐で、肉体に結び付けられる。その液状の紐は出産の瞬間まで刻々に緊密さを増していく。こうして産声《うぶごえ》が知らせる、その嬰児が生者の仲間入りをしたことを」

〔三四五〕　霊肉の結合は、受胎の時から、確定的なものとなったのですか。受胎後の早い時期に、霊はその肉体に宿ることを中止できますか。

「その結合は、ある意味では確定的と言える。つまり別の霊がその予定された霊と交替することは出来ない。しかし、両者を結ぶ紐は、初期は大変弱く、切れ易い。だから、もし霊が前途の試練を嫌がって尻ごみすれば、その意志で紐は切断されてしまうだろう。そうなれば、赤ん坊は死んでしまう」

〔三四六〕　生まれる前に、もし予定した肉体が死んでしまえば、霊はどうしますか。

「別の肉体を選ぶ」

——早すぎる死はどうしていつも起こるのですか。

「そのような死は肉体の欠陥によってしばしば起こる」

〔三四七〕　生後数日で死ぬような肉体に生まれて、どんな効果があるのですか。

「この場合は、その霊の生存の意識は未だささいなものにすぎないから、死もさしたる問題ではない。前に述べたように、このような死は、両親のための試練が主眼となっていることが多い」

〔三四八〕　霊は、自分の選んだ肉体が早死にすることを、知っているのでしょうか。

「知っていることがある。だが、もし知っていてその肉体を選ぶとすれば、それは前途の試練を恐れている証拠だ」

〔三四九〕　もし何らかの原因で、予定の受肉が出来なかった時は、その後すぐに、別の誕生をさせて貰えるのでしょうか。

「必ずしも直ぐとはいかない。霊には新しい選択をするための時間が必要だ。但し、すぐ第二の受肉が予定されていた場合は別である」

〔三五〇〕　もしある霊が、ある子供の身体にすっかり受肉してしまい、しかも、霊はこの受肉は嫌だと言い出した場合、彼はこういう受肉を後悔するでしょうか。

「諸君は次のように尋ねているのか。その霊は人間としてこれから背負わねばならない人生を歎いているのか。別の人生を望んでいるのかと。それならば、そのとおり彼は後悔している。しかしまた、彼が自分の選び方が悪かったと悔やんでいるのかと問うのなら、それは違う、彼は自分が選択した事実を忘れているのだから、と答えよう。いったん霊魂は誕生すると、自分がその肉体を選んだ選択の事実を忘れているから、その選び方を悔やむということはない。しかし、選んだ人生を重荷に感じることもあるだろうから、そこで本当にそれに耐え難いと思うなら、自殺への道を辿るということになろう」

〔三五一〕　受胎から出生までの期間に、霊は、自分の能力をフルに発揮して活動しているものですか。

「懐妊期間の経過に従って違いは出てくるが、ともかく、大なり小なり能力を発揮している。即ち、彼は肉体に接触を始めたとはいえ、まだ完全に肉体に宿ったわけではないから。受胎の瞬間から、霊には混乱が始まる。その混乱によって、霊はいよいよ自分が新しい人生に入る時が近付いたことに気付く。そうして誕生が近付くにつれて、その混乱はいよいよ激しくなる。この間の霊の状態は、殆ど睡眠中の人の霊のような状態である。出産の時が迫ると、霊の思想は過去の記憶ともども消え失せる。そしていざ出生した時には、もはやその意識は白紙の状態になっている。だが、失われた記憶も、彼が再び霊界に帰って来ると、徐々に回復してくる」

〔三五二〕　誕生の瞬間に、霊は固有の能力を十分に回復するでしょうか。

「いや、それは漸次、肉体器官の成長に伴って発現してくる。地上の人生は、霊にとっては新しい生活だから、肉体の使い方を勉強しなければならない。彼の思想は徐々に回復してくる、それは恰も、まどろみから醒《さ》めてみると、眠る前の状態とは違った状態になっていることを知る人の場合のように」

〔三五三〕　出産の時までは、霊肉の結合は完全なものではないとすれば、胎児には魂があると言えますか。

「胎児に生命力を与える霊は、いわばその外部に存在している。従って、これは厳密に表現すれば、胎児には魂がない。すなわち霊の受肉作用は未だ進行中にすぎないのだから。しかし胎児は、やがてこれに宿る魂とつながりはもっている」

〔三五四〕　胎内生命の本質は何でしょうか。

「成長する植物の本質である。しかし、胎児は植物的動物的生命を生きつつ、誕生の時に霊肉の結合が起こり、霊的生命がこれに加わるのである」

〔三五五〕　科学の指摘するところによると、生きてはゆけない身体の子供がありますが、あれは何の目的で生まれてくるのですか。

「そういう例が時々ある。これはその両親またはその霊魂の試練のために、そういうことになっている」

〔三五六〕　死産児の中には、その身体に霊魂が宿る予定が全くなかった者がいるのでしょうか。

「そのような者もいる。つまり予定された霊がなく、唯肉体だけで生まれる。これは子供の両親の試練のためだけに行われるのである」

——こんな子供は、産み月までもちますか。

「しばしばもつことがある。だが生きていくことは出来ない」

——では、出産後、生きている子供は必ずその内に霊をもっているのですか。

「もしそうでなかったら、いったい何だろう。もはや人間ではない筈」
〔三五七〕 流産すると霊はどうなりますか。
「それは無効果の生存となるから、霊はもう一度やり直さねばならなくなる」
〔三五八〕 人工中絶は、受胎期間中のいつ行っても、罪となりますか。
「神法に違反するものはすべて罪となる。未だ生まれる前の子供の生命を中断する者は、それが母親であれ、誰であれ、必ず罪となる。即ち、中絶によって、霊は試練の器となる筈だった肉体を失い、折角の予定の試練を遂行し得なくなるからである」
〔三五九〕 出産で母体が危険におちいる時、子供を犠牲にして母親を助けることは、罪になるでしょうか。

「子供の生存は未だ完全なものではない、母親の生存は確実なもの、だから、子供を犠牲にして母体を助けることの方が、まだましだと言える」

〔三六〇〕　胎児に対して、生きている子供の肉体に対すると同じような敬意をもって取扱うことは、正しいことですか。

「胎児にも、生きている子供と同じように、神の意志と手際がこもっている。だから、いずれも大切に取扱われるべきことに変わりはない」

道徳的・知的能力

〔三六一〕　人間の善や悪の道徳性の根源はどこにあるのですか。

「それは、本人に宿った霊のもっている道徳性、それが根源である。その霊が清浄であればある程、その人間は善人の性質を示す」

——では、善人には善霊が宿り、悪人は悪霊が宿ったもの、そう考えてよろしいですか。

「そのとおり。但し、悪霊と言わずに、未完成の霊と言った方がよい。でなければ、いわゆる悪魔のような、永久に悪にとどまる霊がいるように受け取れるから」

〔三六二〕　軽薄で愚かな霊が宿ると、どういう人間になりますか。

「とんまで気まぐれで、時にはいたずらをする」

〔三六三〕　霊には、人間性とは違った何か別の情がありますか。

「そんなものはない。もしあれば人間と通信しようと思わないだろう」

〔三六四〕　本人の道徳性と知性、この二つは一つの霊から出るのですか。

「それはそのとおり、人間に二つの霊が宿ることはない」

〔三六五〕　非常に知的で、相当進歩した霊が宿っているように思えるのに、道徳的には非常に劣っていることがあります。なぜこういうことがあるのですか。

「人間に受肉する霊は、未だ十分に浄化したわけでないから、そういうことがある。従って人間は自分よりもっと悪い霊の影響にすぐ負けてしまう。霊の進歩は一歩一歩である、しかし、その進歩はすべての面で同じ歩調で進むわけではない。ある時期には知性の面が、また他の時期には道徳面が進歩する」

〔三六六〕 人間の知的能力及び道徳的能力は自己内に受肉している色々な霊の所産であって、各霊はそれぞれの資質を代表しているという説がありますが、どう考えたらよろしいですか。

「これが荒唐無けいの説であることは、ちょっと反省してみれば直ぐ明らかとなる。霊はいずれも可能なすべての資質がもてることになっている。しかし、進歩のためには、単一にして統一的な意志をもたねばならない。もし人間がいろいろな霊の混成物なら、この統一性は存在しないだろうし、また個性をもつこともあるまい。即ち、人間が死んだら、籠から逃げる小鳥のように、霊は四方へ飛び散ってしまうだろうから。人は何か理解できぬことがあるとぶつくさ言うが、実に巧妙に、目の前にある簡単明瞭な説明には目もくれず、わざわざ問題を難しい方へもっていってしまう。上記の質問は、諸君がよくやる、結果と原因をとり違えたものだ。異教徒が神について考えていることを、人間に適用したものだ。異教徒達は、宇宙に在る現象と同じ数だけの神があると思い込んでいる。しかし、彼等の中にさえ鋭い人間がいて、宇宙現象の中には、結果は無数にあっても、原因は一なる同じ神と見ている者もおる」

肉体の影響

〔三六七〕　霊は肉体に宿ると、物質と一つになってしまうのですか。

「物質は霊の外被にすぎない、恰も着物が肉体の外被であるように。霊は肉体に入っても、自己の霊性の特徴を失うことはない」

〔三六八〕　肉体に宿って後も、霊はその能力を自由に発揮しますか。

「能力発揮はどうしても肉体器官に左右される。肉体は鈍重だから、当然その発揮は弱められてしまう」

——では、肉体は霊の能力発揮には障害である、丁度くもりガラスが光線の自由な透射に障害であるように、こう考えてよろしいですか。

「そのとおり、甚だしく不透明な障害物である」

〔三六九〕　地上生活中の霊の能力発揮は、肉体の発達状況に支配されるわけですね。

「肉体は霊性発揮の通路であるから、どうしても肉体器官の発達程度や健全かどうかにかかってくる。これは手仕事の良し悪しが、その道具に左右されるのと同じ事である」

〔三七〇〕　そんなに肉体器官の影響が大きいのなら、脳の発達と、道徳や知力の発達とには深い関連があると、こう考えてよろしいですか。

「原因と結果を混同してはいけない。能力の根源は常に霊にある。肉体が能力を発揮しているのではなくて、能力によって肉体が動いているのである」

――では御意見に従うと、人間の資質の相違は、ただ本人の霊の状態にのみ左右されるということですか。

「ただ霊にのみということは、全く正しいとはいえない。勿論、霊の資質いかんが、その人物の資質の根源となっているが、誰しも魂本来の能力発揮に、大なり小なりブレーキとなっている肉体の影響も考慮されねばならない」

白痴――狂気

〔三七一〕　白痴の魂は普通人より劣っているという俗信には、何か根拠がありますか。
「根拠はない。白痴の魂が諸君等の想像以上に知的なことがしばしばある。彼等は魂との連絡がうまくつかないのである。丁度啞者がしゃべる上に障害があるのと同じである」

〔三七二〕　生まれながらの白痴者を創り給う神の御心はいったい何ですか。
「彼等は罰をうけている霊が宿ったものである。彼等は脳器官が未発達で正常でないから、経験を積むことが思うようにいかず、また自己を十分に表現することも出来なくさせられているのである」

――では、肉体器官には能力に及ぼす何の力もないというのは、正しくないのですか。

「肉体器官に力がないなどと、吾々は言った覚えはない。肉体は能力発現を左右する莫大な力をもっている。しかし能力源ではない。たとえば、優れた音楽家でも楽器が悪ければ、良い音楽の演奏は出来ない。だからといって、彼が優れた音楽家でないということにはならない」

〔三七三〕　白痴は善も悪も何も出来ないから進歩も出来ない、こういう人々の存在には何の価値があるのですか。

「それは、霊が何か能力を濫用したための罪滅ぼしであって、これは彼の人生航路の一区切りである」

——では、前生で天才だった者の霊が、いま白痴の肉体に宿っていることもあるのですか。

「ある。天才はこれが濫用されれば災厄となる」

〔注解〕　優秀な知性に必ずしも優秀な徳性が伴っているとは限らない。従って、大天才は罪滅ぼしせねばならぬものを多くもつかもしれない。この理由によって、彼等はしばしば以前よりも低い、苦しみのもとである人生を耐えねばならなくなる。自己の能力の発現が妨げられていることは、まさに強力な人間の活動に手かせ足かせがはめられたようなものである。盲人は目の不具者、足のなえた人は足の不具者、白痴者は脳の不具者。

〔三七四〕　白痴者の霊は、自分の精神的状況を意識していますか。

「殆んど意識している。彼等は自分を阻害している鎖が、試練であり罪滅ぼしであることを理解している」

〔三七五〕　狂気の場合、その霊はどうなっていますか。

「霊というものは、本来、直《じか》に物事の印象を受け取り、直接物事に働きかけるものである。しかし、ひとたび肉体に宿ってしまうと、事情は変わり、肉体の各々の器官を通じてのみ、初めて活動する状態となる。もしその器官に故障が起これば、その器官を通じる印象や活動は不都合なものとなる。目を失えば盲人、聴力を失えば耳の障害者。いま、知性や意志の表現器官が、一部か全部、その働きが弱ったり変わったりしたとしよう。されば諸君は次の事が容易にお判りになろう。即ち、不完全で調子の狂った器官しか使えない霊は、機能の混乱を経験せねばならぬ、霊の方ではその混乱に気付いていているのだが、それをどう仕様も出来ないのであると」

——では調子を狂わしているのは、常に肉体であって、霊ではないのですか。

「そのとおり、しかし次の事を忘れてはいけない。霊が物質に作用するのと同じく、物質も霊に作用するということ。それ故、霊は自分が狂った器官のため、狂った調子になっていることに気付くかもしれぬということ。従って、このような変調が長期にわたれば、その狂った行為の繰返しで、霊の方に影響が及ぶことも起り得る。その影響は、霊が肉体から解放されるまで続くのである」

〔三七六〕　狂人が自殺するのはどうしてですか。

「この場合、霊の方は自分が束縛を受けている感じで、自由に表現できないことを苦にしている。そこで、この鎖を断ち切る方法として死を選ぶのである」

〔三七七〕　狂人は死後も、生前と同じ精神錯乱の状態が続きますか。

「死後しばらくの間、物質のとらわれから完全に自由になるまで続くだろう。それは丁度、誰でも朝目が覚めた後、しばらくは、眠りから現実への混乱を感じるようなものだ」

〔三七八〕　脳の病気は、死後の霊にどんな作用を及ぼしますか。

「記憶の面で影響がある。何か頭の上に雲がかかっている感じだろう。とにかく狂気の間、何が起こっていたのか分からなかったのだから。その回復には相当の時間を要する。それがどれくらい続くかは、本人の狂気の期間の長さに応じて違ってくる。霊は肉体を離れても、なお多少の間は、肉体につながっている感じをもつものだ」

幼年時代

〔三七九〕　子供に宿っている霊は、大人に宿っている霊と同じくらい、進歩するものですか。

「それ以上のものもあり、それは前生での進歩いかんによるわけだ。霊がその実力を子供に発揮できないのは、子供の身体器官が未だ出来上っていないためである。此の世では肉体が霊の自己表現機関であって、肉体の状況いかんに応じて霊は行為するのである」

〔三八〇〕　子供の身体が未発達のため、霊は完全発揮ができないということは別として、霊がものを考える場合、霊は子供なのですか大人なのですか。

「身体が未だ子供である限り、思考器官も未発達だから、大人のように物事が通じるわけではない、その知性の幅も狭く、従って年を重ねるにつれて、物の考え方も成熟していくのである。受肉に伴う混乱は、誕生とともに直ぐ終るわけではなく、肉体の成長に伴って、漸次消散していくのである」

〔三八一〕　子供が死ぬと、その霊はすぐに本来の力量をとり戻しますか。

「そうあるべきだ、彼は肉の被いから解放されたのだから。しかし実際のところは、霊は霊肉の分離がすむと、サッパリした気分になるにすぎない」

〔三八二〕　子供の状態にある間は、霊は肉体未発達のための不自由な苦しさを感じるものですか。

「そんなことはない。その状態は必然的なものであり、自然の理であり、神の定め給う摂理の一つであるから。それは霊にとって安息の時でもあるのだ」

〔三八三〕　幼年期を通るということは、霊にとってどんな効用があるのですか。

「地上出生の目的は霊の進歩にある。さて幼年期は、自分のことに万事鋭敏な時である、このことが霊の進歩に役立つのである」

〔三八四〕　何故、生まれた当座の子供は泣いてばかりいるのですか。

「これは母親の気を自分の方にひきつけ、よく大切に面倒をみて貰うためである。もし話せるようになる前に、笑い声ばかりたてていたら、周りの者は、赤ん坊の欲しいものに殆んど気付かずに心を使わないだろう。神の英知の美事なるこの摂理」

〔三八五〕　成人に近付くと、若者の性格が変わるのは何故ですか。霊に変化が起こるのですか。

「霊が、本来の自己を取り戻して、再生以前の自己を示すのである」

「諸君は、子供達の無邪気さの下に隠されている秘密を知らない、子供達が今何であるか、かつて何であったか、また将来何であるかを。それにも拘らず、諸君は子供達を可愛がりいつくしむ、恰も自分の一部分のように、また、母性愛こそは愛の中の愛と言われる程にも。異邦人さえもその子に抱くこの愛、甘い優しい情、それはどこから来るのか。いまこの点について、お話ししておこう」

「子供等は、神によって新しい人生へ送り出される者達である。だから、神は彼等が文句をつけようがない程に、顔形の隅々に至るまで無邪気さをもって包み給う。極悪の性の子供の場合でも、その悪行も、本人もそれと気付かぬ無邪気さによって包まれている。その無邪気さのゆえに、子供等が過去の実際の自分以上に、優れているとは言えぬ。それは彼等がかくあるべき理想の姿である。そしてもし彼等がそうならなければ、罪は自らの上に下ることになるのみである」

「神が無邪気さを子供等に与え給うたのは、子供等のためばかりではない。それはまた、両親のために……その愛こそ、独り立ち出来ぬ子供等に必要である……その両親を引き寄せるためにでもある。何となれば、もし荒々しくねじけた性質が丸見えになれば、親の愛も大いに減じてしまうから。これに反して、親が子供等を善良で優しいものと信じれば、子供に愛情を注ぎ深甚の注意をもってこれを守るのである。しかし、もはや保護や助力を必要でなくなる十五歳から二十歳くらいの間になると、本人の真の性質や個性がはっきりと現われてくる。真に善良なる者は善良のままにとどまる。しかしこの場合でも、幼時には隠れていた特質や陰影が沢山現れてくる」

「神の道は、常に至善なるものを目指してい給う。本性において至純なるもの、そのことは明らかなこと、諸君もお判りのところと思う」

「次のことを心にとめておかれたい。諸君のもとに生まれる子供の霊は、あるいは諸君とは全然違った習慣の世界からやって来たかもしれない。されば、この新人は情も傾向も嗜好も全く諸君と違ったものをもっている。それがもし神の定められた道である――幼年期の篩《ふるい》の過程を通らなければ、どうして諸君等の世界に調和がありえよう。この幼年期があればこそ、初めて、多種多様の世界から来た思想や特性や生命が、一つに融け合えるのである。諸君もまた、死ねば一種の幼年の状態となる。兄弟知友にかこまれて、その新世界では何もかも不案内である、慣習も、礼儀作法も、事物関係も。言葉だって不馴れで、此の世とは比較にならぬ生きた言葉で、一向に自己表現など出来ぬ。

幼年期にはもう一つの効用がある。霊が地上生活をするのは、ただ進歩と自己改善のためである。若さゆえの頼りなさは、地上経験を積んだ人達の助言に耳を傾けさせる。この素直さである、これによって悪い傾向はおさえられ、性格も漸次改善されていく。そうして、この改善と制御こそ、神から親たる者に委託された義務であり、聖なる使命である」

「それ故に、既にお判りであろうが、子供であることは、有用であり必要であり、欠くことの出来ぬものである。それだけでなく、これこそ神の定め給うた法の当然の成り行きであり、またこの法が宇宙を支配しているのである」

地上での愛情や反感

〔三八六〕　かつて互いに愛し合った二人が、地上に再生し、めぐり逢って互いを認めあうということが出来ましょうか。

「昔のお互いだということには気付かぬだろうが、互いに引き付けられることになるだろう。前生に結んだ縁というものは、次の再生にあたっては、更に更に強い愛の原因となることが多い。地上の世界では、二人の者がほんのちょっとした偶然によって引き付けられるということがしばしばある。しかしながらこれらは、千里の靄《もや》の中、求め合う二つの魂の相寄る力によってそうなるのである」

――二人が前生でのお互いを認め合うということは、もっと具合のよいことではないでしょうか。

「必ずしもそうとは言えぬ。それは諸君の想像以上に具合の悪い点が多々ある。死後に至り二人はめぐり逢い、その時になって、初めて前生での二人の事を思い出す」

（〔三九二〕参照）

〔三八七〕　愛は常に前生でお互いが知り合っていたことから生まれるのですか。

「いや、知り合っていなくても、互いに共鳴を感じる二つの霊は、自然に互いに求め合うのである」

〔三八八〕　二人の者がゆくりなくもめぐり逢う、これを偶然と人は呼びますが、本当は何か共感的関係というものがあって、その作用によって引き付けられると、こう考えてはいけませんか。

「人間の間には、まだ諸君等には分かっていない、幾段階かの関係というものがある。将来、磁気学はこういう関係を諸君に示してくれる、科学の水先案内となる」

〔三八九〕　初対面の人に対し、本能的に反発を感じることがありますが、どうしてですか。

「両者の霊に潜在的な反感があり、これが言葉を交わさなくても、相手の気持を知り気持を見抜くからだ」

〔三九〇〕　本能的に反感を覚えるというのは、片方または双方に悪い性質があるということなのでしょうか。

「親しみをもてないからといって、必ずしも両者が悪というわけではない。反感とは、同じ考え方がもてない同士の間に起こるものだから。しかし、両者が進歩向上していくと、こんな相違はなくなり反感も消滅する」

〔三九一〕　両者の反感は、必ず善良な側に起こるのですか。それとも性悪の方から起こるのですか。

「それは両方一緒に起こる。だがこの場合、両者の原因と結果は違っている。性悪の霊の場合は、自分を見抜いて批判できる者にはすべて反発を感じる。初めてそういう人に会うと、自分が余りよく見られそうにないことを知り、反感が憎悪や嫉妬に変わり、何か相手を傷つけたい衝動に変わってしまう。善良な霊の場合は、性悪な者に会うとやはり反感を覚えるが、それは、自分は相手に理解されないだろう、二人の気持はとても同調できないと悟るからである。しかし、彼はその善良さの故に、相手に憎しみや嫉妬をもたず、ただ相手をさけ、これを哀れんで満足する」

前生の記憶を失うこと

〔三九二〕　地上に生まれてくると、なぜ過去を忘れるのですか。

「人は何事も知ることは出来ず、また知ることもないであろう。神は英知をもってこのように定め給うた。もし目を遮ってくれる幕がなければ、急に闇から光へ出て来る人のように、目が眩んでしまうだろう。過去を忘れ去ることによって、人はいっそう自己自身であり得るのだ」

〔三九三〕生前の記憶がないのに、どうやって生前の行為に責任をもったり、過去を償ったりすることが出来ましょうか。また前生の経験をどうやって生かすことが出来ますか。人生の苦難も、それが前生の悪行の報いであることが分かってこそ、初めて効果があるものでしょう。しかし前生を忘れてしまえば、人生はこれが初めてだと自分に思われ、同じ行為を何度も繰返すことになるでしょう。これをもって、いったいなお、神の正義と言うことが出来ますか。

「再生毎に、霊はその知性も、善悪判断の能力も進歩していく。もし霊が前生を何もかも記憶していたら、どこに彼の自由があろうか。霊が死後霊界に帰って来ると、その眼前に、過去の一切がパノラマのように見えてくる。彼はそこに自分の犯した過失を、苦しみの原因を見る。また、こうすれば過ちを犯さずにすんだであろう事情も分かってくる。こうして彼は自分が今置かれている境涯の正当さを噛みしめる。すると、もう一度人生をやり直したい、今度こそ過去の失敗を償いたいと思う。過去には失敗したが、それと同じ試練をもう一度試みたい、あるいはまた、進歩に役立つような試練を受けてみたいと希望する。そこで先輩の霊達に、来たるべき自分の事業に援助してくれるように頼む。彼は知っている、次の人生で自分の指導役に任命される霊は、彼が前生で犯した失敗について、何らかの直感を与えてくれることによって、失敗を償うように一生懸命努力してくれるということを。この直感とは、悪い考え罪ある欲求として、しばしば本人の心に起るが、本人は本能的にこれを拒絶する、本人はこの拒絶を両親から受けた本性によるものとするが、本当は本人の良心のささやきによるのである。このささやきこそ、過去の追憶のささやき、過去の失敗をもう一度繰返さないようにとの警告である。新しい人生で、不屈の意志でこの試練に耐え、誘惑に抗して失敗を犯さない者は、霊性進化を遂げ、再び霊界に戻って来た時、一段と高い境涯に入るのである」

〔注解〕　もし吾々が地上生活中に、前生について、自分が行った善悪いずれの行為についても、正確な記憶をもたなくても、吾々は過去についての直感をもつ。それは本能的なささやきで、過去の過ちを再び繰返すまいとする心の要求とも言うべき意識であって、それが吾々にそれを避けるようにと警告してくれるのである。

〔三九四〕　貧乏とか病気とかのない、私共よりもっと進歩した世界の人達は、私共が感じる以上に幸福を感じていますか。幸福とは一般に相対的なもので、不幸な状態と比較して幸福だと思うものです。私共よりましだとはいっても、完全というわけではありません。従って、そういう世界の住人達にも悩みや心配事がある筈だと思います。地上でも金持達は、貧乏人のような苦しみはないとしても、それ相応の悩みがないとは申せません。つまりですね、吾々には吾々の幸福度の基準というものがあるように、そういう進歩した世界の住人達にも、独自の幸福度の基準があって、その尺度によって自分達を不幸と考えないのかと、こういうことです。また彼等も私共のように、自分の運命に不足を言うことはないのかと、幸福度の尺度になるような過去の悪い状況の記憶はないのかと、こういう質問です。

「この問いには二種の回答がある。先ず、お尋ねのような住人達の中、過去生の記憶が明せき正確にあって、それ故に神から授かったままの幸福が享受できる、また享受している、そういう人々の世界が存在するということ。またこれとは違って、質問のような地上より進歩した状況にありながら、多大の苦悩や不幸さえも背負っている、そういう世界もある。彼等は過去の不幸な状況の記憶がないために、現在のより進んだ状況を、そのように感じとれないのである。しかしながら、彼等には正しくその状況が感じとれないとしても、霊界に戻った時には、正しい評価が分かるのである」

〔三九五〕　私共は前生について、何らかの啓示を受けることが出来ますか。
「それは全く不可能である。しかし、前生で自分が何であったか、何をしたか、この事を知っている者は多い。もしあからさまに彼等にそれを話させたら、その過去生とは、奇妙な話になってしまうだろう」

〔三九六〕　人々の中には、おぼろげな前生の記憶をもっていると、信じている人達がいます。それは思い出そうとしても、思い出せない夢幻のようなものだと、こう思っていてます。これはやはり幻影なのですか。

「時には本ものもあるが、多くは無理につくられた幻影である。一心に想像をめぐらすと、そういう結果になることがある」

〔三九七〕 私共の地上よりも更に進歩した物質世界では、前生の記憶は、もっとはっきりしているものですか。

「肉体の物質性が少ないから、その肉体に宿った霊には、前生の記憶はもっとはっきりしている。その世界の程度が高ければ高いほどそういうことになる」

〔三九八〕 人の性向は過去生の反映だとするとき、この性向をよく検討すれば、過去に犯した過ちが何であるかを自ら発見できる、こう考えてよろしいですか。

「ある程度までそれは可能である。だが、その霊性に及んでいる進歩とか変化を考慮に入れなければならない。本人の現在は、前生より大いに改善されたものと言えよう」

——悪化するということはありませんか？ たとえば、前生で犯さなかった失敗を、今生で犯すような場合に。

「これは本人の進歩いかんにかかっている。もし誘惑に勝てなければ、その結果として、新しい失敗を犯すことになろう。しかしその失敗も、退歩よりむしろ停滞とみるべきだろう。何となれば、霊には進歩や停滞はあっても、退歩ということは決してないのだから」

〔三九九〕 現世での栄枯盛衰は、過去生の失敗のつぐない、また未来のための教訓とするなら、その事から、過去生でのありようを推測することが出来るのではありませんか。

「大いにそれはあり得ることだ。過去生での失敗が、此の世での罰となって現れるものであるから。しかしながら、それは絶対的というわけではない。本能はその性向として、一定の方向をとろうとする。つまり、霊が身にうける試練とは、過去生の結果のものでもあり、また未来のためのものでもあるからである」

(上) 了

（十一章以降は（中）につづく）

「霊の書」（中）・（下）　目次

(中)

第二部 霊魂の世界（つづき）

「霊の書」(中)・(下)　目次

（下）

第三部 道徳の法（つづき）

「霊の書」（中）・（下）　目次

桑原《くわはら》　啓善《ひろよし》（ペンネーム　山波言太郎）（一九二一～二〇一三）

詩人、心霊研究家。慶應義塾大学経済学部卒、同旧制大学院で経済史専攻。不可知論者であった学生時代に、心霊研究の迷信を叩こうとして心霊研究に入り、逆にその正しさを知ってスピリチュアリストになる。浅野和三郎氏が創立した「心霊科学研究会」、その後継者脇長生氏の門で心霊研究三十年。一九四三年学徒出陣で海軍に入り、特攻基地で戦争体験。一九八二～八四年一人の平和運動（全国各地で自作詩朗読と講演）。一九八五年「生命の樹」を創立してネオ・スピリチュアリズムを唱導し、でくのぼう革命を遂行。地球の恒久平和活動に入る。一九九八年「リラ自然音楽研究所」設立。すべての活動を集約し二〇一二年「山波言太郎総合文化財団」設立。

訳書『シルバー・バーチ霊言集』『ホワイト・イーグル霊言集』『続・霊訓』『近代スピリチュアリズム百年史』他。著書『人は永遠の生命』『宮沢賢治の霊の世界』『音楽進化論』『人類の最大犯罪は戦争』『日本の言霊が地球を救う』他。詩集『水晶宮』『同年の兵士達へ』『一九九九年のために』『アオミサスロキシン』他。

でくのぼう出版

桑原啓善〈ネオ・スピリチュアリズム〉関連書

シルバー・バーチ霊言集
A・W オースティン 編　桑原啓善 訳

神の計画、明日の世界、神法について、信条と真理、他界の生活、再生、死の諸問題等、バーチの霊界通信の神髄が1冊にまとめられた、21世紀のバイブル。
●関連CD発売中〈朗読・桑原啓善〉　●1400円+税　256頁

ホワイト・イーグル　神への帰還
桑原啓善 訳

あなたの人生を、光に変える、英知のことば。人類を新しい時代へ導く〈霊師〉ホワイト・イーグル。50年にわたるメッセージの真髄を心霊研究の第一人者であり詩人でもある桑原啓善の名訳で贈る。●1200円+税　144頁

近代スピリチュアリズム百年史
その歴史と思想のテキスト　アーネスト・トンプソン 著　桑原啓善 訳

50年前、日本のスピリチュアリズム研究を拓いた基本のテキスト。本書は後篇に「スピリチュアリズム思想の歴史」を収録し、出版された2冊の本を1冊にした。●1500円+税　288頁

神霊主義
心霊科学からスピリチュアリズムへ　浅野和三郎 著　桑原啓善 監修

日本の「心霊研究の父」浅野和三郎の名著の現代文表現。心霊現象の内面機構が手に取るようにわかる。だけでなく「日本神霊主義」の解説をも含む浅野和三郎の全研究が集約されている。●1300円+税　272頁

ジュリアの音信（新書版）
※通販のみ　桑原啓善 抄訳

W・T・ステッド 著。有名な霊界通信。死後に間もないジュリアが、死の直後や死後の世界の様子を語る。そして愛こそ至高の力であることを熱く訴える。死に不安を持つ人に贈って喜ばれる珠玉の書。●767円+税　136頁

シルバー・バーチに聞く
桑原啓善 編著

シルバー・バーチの珠玉の言葉を選りぬき、バーチ研究40年の編者がこれに注釈を付し、バーチと一体となり宇宙と人生の深奥に迫る。「21世紀のバイブル」シルバー・バーチがこれで解る。●971円+税　160頁

ステイントン・モーゼス　続・霊訓
桑原啓善 訳

今、この時代のために——。キリストの再臨を伝えるインペレーター霊団（49名）のメッセージ。自動書記通信の一部と霊言による霊示、およびモーゼス個人の論説をも加える。●1500円+税　240頁

デクノボーの革命
〈ネオ・スピリチュアリズム講話〉　桑原啓善 著

物質至上主義の時代から、人間が霊であり、世界は霊の働きを認めなければ、平和も幸福も科学も成り立たないことが分かる時代、それがアクエリアス新時代。●1500円+税　264頁

スピリチュアルな生き方原典
日本神霊主義聴聞録　脇 長生 講述　桑原啓善 筆録

脇長生師は大霊能者にして日本における心霊研究の第一人者であった。本書は霊魂の〝具体的〟な働きを〝科学的〟に解説した世界でも類のない書。ロングセラー。●1300円+税　264頁

ジュリアの音信　人は死なない（絵本版）
山波言太郎 作

青木香・青木加実絵。不朽の霊界通信「ジュリアの音信」が美しい絵本になりました。原作本は新書版『ジュリアの音信』。●CD発売中〈朗読・山波言太郎〉　●1400円+税　96頁

霊の書 ―大いなる世界に― (上)

一九八六年 一二月 二五日 初版 発行 (潮文社)
二〇〇六年 一月 二五日 新装版 第一版 発行 (潮文社)
二〇一九年 六月 三〇日 新装版 第一刷 発行
二〇二一年 一一月 二三日 第二刷 発行

訳 者 桑原 啓善

装 幀 桑原 香菜子

発行者 山波言太郎総合文化財団

発行所 でくのぼう出版
神奈川県鎌倉市由比ガ浜 四―四―一一
TEL 〇四六七―二五―七七〇七
ホームページ https://yamanami-zaidan.jp/dekunobou

発売元 株式会社 星雲社 (共同出版社・流通責任出版社)
東京都文京区水道 一―三―三〇
TEL 〇三―三八六八―三二七五

印刷所 株式会社 シナノ パブリッシング プレス

ISBN978-4-434-26165-7